AF389023

L'AMBIGU D'AUTEUIL,

OU

VERITEZ HISTORIQUES;

COMPOSÉES

DU JOUEUR.	DE L'INCONNU.
DU NOUVELISTE.	DU SINCERE.
DU FINANCIER.	DU SUBTIL.
DU CRITIQUE.	DE L·HYPOCRITE.

Et de plusieurs autres Personnages de differens Caracteres.

A PARIS,

Chez la Veuve DE COURBE, à l'entrée
du Quay des Augustins, au coin
du Pont Saint Michel.

M. DCCIX.

Avec Approbation & Privilege du Roy.

AVIS
AU LECTEUR.

L'Auteur n'ayant point vû les épreuves des quatre premieres feüilles de cet Ouvrage, il s'y est glissé quantité de fautes, particulierement sur les noms propres, que le Lecteur est prié d'excuser, & d'avoir recours à l'Errata, s'il se veut bien donner la peine de le lire.

APPROBATION.

J'Ay lû, par ordre de Monſeigneur le Chancellier, l'*Ambigu d'Auteüil*, ou *Veritez Hiſtoriques* ; & j'ay crû que l'impreſſion en pouvoit être permiſe, & qu'elle ſeroit même utile à ceux qui ſe livrent trop au jeu. Fait à Paris ce 2. Janvier 1709.

DANCHET.

L'AMBIGU
D'AUTEUIL,
OU
VERITEZ HISTORIQUES.

LE JOUEUR.

Elalhis & Mirabel, Gentîls-hommés fort bien faits, & dont l'ajuftement marquoit le deffein qu'ils avoient de plaire, entroient dans le jardin du Palais Royal, lors qu'un autre Cavalier aprés en avoir traverfé le parterre, s'arrêtoit fur le bord du baffin qui eft au milieu; fa vefte débou-

A

tonnée, sa chemise ouverte, & sa per-
ruque de côté, étoient les restes d'une
agitation violente dont il avoit voulu
retenir quelques mouvemens ; car ses
poings fermez pressant son estomach,
faisoient juger qu'il employoit toute
sa force à digerer une mauvaise avanture ; il alloit néanmoins continuer des
plaintes, lorsque levant les yeux de
terre où il les avoit fixez, il rencon-
tra ceux de ces deux Messieurs, qui
s'étoient avancez & le regardoient a-
vec beaucoup d'attention, particulierement Belalhis ; il avoit même affec-
té de faire du bruit, pour obliger ce
désolé solitaire à se montrer, de sorte
qu'il ne se méprit point dans le soupçon où il étoit de le connoitre ; en
étant lors tout-à-fait assuré, il courut à luy les bras ouverts : hé quoy,
c'est, mon cher Dalibal, dit-il en l'embrassant ! Dalibal qui le reconnut aussi
redoublant l'embrassade & changeant
le mieux qu'il pouvoit ses gestes affli-
gez en témoignages de joye ; hâ !
Monsieur de Belalhis, que j'ay de

plaiſir de vous tenir icy. Le mien ſeroit plus grand, repartit Belalhis, ſi
je vous y trouvois l'air auſſi gay que
je vous l'ai vû en des païs qui ne paſ-
ſent pas pour être ſi remplis d'agrémens, il paroiſt que vous avez quelque chagrin. Il eſt vray, dit Dalibal,
& vous en ſçaurez bien-tôt le ſujet
ſi vous le deſirez, auſſi bien que le
reſte de ce qui m'eſt arrivé depuis que
vous êtes arrivé des côtes d'Afrique
où vous me laiſſâtes. Vous m'oblige-
rez beaucoup de me faire part de ce
qui vous touche, reprit Belalhis, &
que nôtre amitié qui a commencé ſur
Mer augmente s'il ſe peut en terre
ferme. Pour vous marquer, dit Dalibal, que ce qui vous peut intereſſer
m'eſt plus preſent que toute autre choſe, je vous reciteray d'abord les particularitez de mon retour, parce qu'il
y en a quelques unes que j'eſtime ne
vous devoir pas être indifferentes ;
donnez-moy une heure pour vous
en entretenir ſur un des bancs de
ce jardin. J'eſpere repondit Belalhis,

que nous seront plus long-tems sans
nous quitter : si vous n'avez rien qui
vous retienne necessairement à Paris,
en voicy une occasion trés favorable,
nous allons, Monsieur de Mirabel
que vous voyez & moy, joindre deux
Dames au Cours pour les accompagner chez Madame d'Auteuil, nous
attendons incessamment un carosse
pour nous y mener, au lieu d'un autre
où nous étions dêja en train de marcher qui s'est rompu : j'en suis ravy,
quelque impatience que ces Dames
puissent avoir, puisque cet accident
nous rejoint icy. Vous ne m'aimeriez
guéres, continua-t'il, si vous me re-
fusiez d'être des nôtre. Mirabel le
pressant aussi d'être de leur partie, luy
dit, que chez Madame d'Auteuil qui
assûrement le recevroit fort bien, &
où ils devoient rester quelques jours,
ils auroient la commodité de se communiquer à loisir beaucoup de choses capables de divertir de vieux amis.
Cecy est un coup du Ciel en ma faveur, repondit Dalibal, embrassant

Mirabel & Belalhis, je m'abandonne
à vous, j'avois besoin du secours de
vôtre amitié dans l'état où m'a mis la
fortune : ce sera donc à Auteuil, que
nous parlerons de nos voyages : mais
Messieurs, poursuivit-il, à quoy vous
occupiez-vous à Paris, je ne vous ay
point vû dans les maisons où l'on
joüe, & je m'étois imaginé qu'on
ne pouvoit vivre sans joüer. Le grand
jeu n'a guéres de part en ce que nous
faisons, répliqua Belalhis, & nous réuf-
firions mal auprés de deux aimables
veuves à qui nous essayons de n'être
pas indifferens, s'il paroissoit que nous
eussions d'autres inclinations que celles de leur plaire. Vous voila, Messieurs
reprit Dalibal d'un air à pousser loin
le succés de vos desseins, je ne doute
pas que vous n'ayez bien mieux profité du temps que je n'ay fait, je dois
être honteux de la vie que j'ay me-
née, plus j'y fais maintenant de reflexion, & moins je me la puis par-
donner ; car au lieu d'avoir les vûës
d'un galant homme qui cherche son

établissement par les voïes où les bonnes qualitez ont quelque part, j'ay
voulu le devoir tout entier au jeu ;
j'en suis traité comme je le merite.
Vous a-t'il fait quelque mauvais tour,
dit Belalhis. Un tour à n'en jamais
revenir, repartit Dalibal, c'est ce qui
causoit le chagrin où vous m'avez
trouvé & qui m'alloit peut-être pouſ-
ſer à une extremité, ſans cette heu-
reuſe rencontre ; je vous en informerai
en peu de mots en attendant vôtre
voiture. Le jeu, Meſſieurs, continua
Dalibal, diront bien des gens, ceux
qui s'y donnent trop, n'ont rien d'aſſuré : depuis peu entr'autres funeſtes
exemples des malheurs qu'il cauſe, je
vous diray que deux hommes dans
des poſtes honorables & en paſſe d'arriver aux premieres places de la Cour,
s'y ſont perdus ; on ſoupçonne que
l'un s'eſt tué dans le deſeſpoir, où l'a
mis une perte irreparable, puiſqu'on le
trouva mort dans un endroit où il ne
pouvoit avoir que luy qui ſe ſoit aſ-
ſaſſiné : & l'autre dépoüillé de tout
ſon bien, & en reſte à des joüeurs

qui vouloient être payez , est allé achever de traîner ses infortunes chez les étrangers : pour moy , poursuivit-'il aprés m'avoir flaté de quelque gain , il me maltraite cruellement depuis deux mois, & il a donné aujourd'huy le dernier coup à ma ruine : voila leur dit-il, prenant le chemin du grand Rondeau avec eux & leur montrant un loüis, tout ce qui me reste de douze mille pistoles que j'avois en especes au commencement de l'Eté ; je sors d'une maison dont vous voyez les fenestres d'icy, où pour la deniere fois que je joüerai de ma vie, j'ay perdu cinq cent loüis au Lansquenet , toûjours le premier pris, j'ay payé six fois les rondes , & à peine ai-je touché les cartes , que je me suis vû sans argent : je me retirois de ce coupe-gorge la rage dans le cœur. Vous en parlez d'une maniere , dit Belalhis , & nous vous avons rencontré dans un état qui nous persuadant que vous en avez été fort émeu ; mais vous aurez peut être bien-tôt votre

A iiij

revanche, la fortune est changeante.
Je ne jouëray plus, repliqua Dalibal;
& aprés que je vous auray fait connoitre la perfidie du jeu à mon égard,
vous ne me pardonneriez pas, si je
m'y remettois : non puisque je suis
abîmé aprés les précautions que j'ay
prises, il n'y a de salut assuré pour personne. Il arrive quelquefois des pertes,
dit Mirabel, qui poussent les joüeurs à
faire de tels sermens : mais outre que
l'espérance reste ordinairement à ceux
qui ont coûtume de hasarder : Il est
des manieres de joüer favorables ; je
sçai plusieurs gens qui font figure sans
autre fond que ce qu'ils tirent & se
promettent du jeu ; & soit qu'ils em-
ploient des adresses inconnuës à ceux
contre qui ils joüent, ou que leur au-
dace à risquer n'ait point encore été
trompée, ils vivent avec éclat. Je m'é-
tois imaginé, reprit Dalibal, sçavoir
tout ce qui se peut pour bien joüer;
cependant vous allez entendre comme j'ai réüssi.

Il y a environ 4. ans, continua-t'il, que
revenu de courir les Mers, & aprés a-

voir fait des reflexions qui me parurent trés-judicieuses sur l'abus & la vanité de presque tout ce qui entre dans le commerce des hommes ; par un certain mépris pour toute sorte d'occupation, je resolus de passer ma vie à jouer & à voyager doucement de Ville en Ville, voulant jouir des biens, des agrémens & des travaux de tout le monde sans me donner aucune peine. Je commençai dans ce dessein d'étudier le jeu, non seulement afin de n'être point la duppe de ceux qui jouënt avec avantage : mais aussi afin d'éprouver jusqu'où il pourroit mener un homme, qui en cartes & en dez sçauroit tout ce qu'il croyoit possible de sçavoir : je m'en suis à la verité bien trouvé pendant trois ans, puisque j'ai gagné en argent comptant, en nippes & en chevaux, la valeur au moins de quatre-vingt mille écus : j'ai proméné ma fortune en plusieurs Provinces, & j'y ai même dépouillé des personnes dont l'authorité des charges les obligeoit d'empêcher les jeux

A v

qu'ils jouoient eux-mêmes ; j'en ay tiré des avantages, que la crainte d'étre exposé à la raillerie & peut-être à la cenſure leur a fait ſouffrir patiemment, ils eſperoient auſſi leur revanche ; & plus il y avoit de l'empreſſement, ſur tout pendant la derniere année, à jouer contre moi, par-ce que je ne marchois point ſans de groſſes lettres de crédit dont je prenois ſoin de faire divulguer l'importance, pour exciter d'autant plus à m'en gagner la valeur, m'aſſurant alors qu'il n'étoit point au pouvoir de la fortune du jeu de me déraſſer, & que j'emporterois tout ce qu'on riſqueroit contre moi : j'avois auſſi fait en ſorte de paſſer pour avoir peu d'application, quoi que j'apportaſſe toute ma ſçience & mon entendement au jeu ; mais d'une maniere ſciemment abſtraite : enfin j'étois fort ſouhaité, on ne me laiſſoit guéres paſſer, quelque part où j'abordaſſe, ſans me faire des défis de conſéquence : j'ai auſſi quelquefois gagné conſiderablement

courant la poste, & voicy ce qui m'arriva un peu auparavant le dernier retour que j'ai fait de la Province à Paris. Je rencontrai entre Nante & Van-
nes une troupe de chasseurs de la premiere qualité de Bretagne que j'avois
vû aux Etats : je courois sans autres
affaires que celle de profiter d'un
beau jour pour être plûtôt arrivé en
une Ville où je pusse trouver beau
jeu : incontinant qu'ils m'aperçurent,
ils crierent, arrêtez Monsieur Dalibal,
n'y a t'il pas moyen de faire un alpiou
Volontiers, leur reparti-je : ils me de-
manderent si j'avois des cartes de Bas-
sete : je leur répondis que je n'en faisois porter d'aucune sorte ; mais que
je joüois de toutes celles qu'on me
presentoit, enfin de deux vieux jeux
dont leurs gens étoient munis, & qu'ils
me mirent en main, j'étallai au pied
d'un arbre mes chasseurs par terre, &
en demie heure je gagnai six cent loüis,
un diamant de six cents écus, deux
coureurs, & mil écus sur la parole de
deux hommes qui n'auroient pas vou-

lu pour beaucoup davantage que
leur perte eût éclaté : ils ne manque
pas de me payer le lendemain à Van-
nes comme ils me l'avoient promis.

Aprés avoir fait en diferents endroits
plusieurs gains de cette force & même de plus considerables, & roulé a-
vec tous les passe-temps que la de-
pense & la nouveauté peuvent fournir, je m'avisai de faire revue de ma
fortune qui étoit beaucoup meilleure
que lors que je pris la resolution dont
je vous ay parlé, je jugai qu'elle m'a-
voit trop donné pour ne la pas dispenser d'être toûjours errante, &
commençai de combatre mes premieres reflexions par de nouvelles que
j'estimai de plus grand poids ; c'étoit
celle de mon argent qui me disposoit
à changer de pensée ; & enfin je fis
dessein de m'arrêter. Je résolus d'a-
bord de passer mes jours en homme
qui vouloit se menager une vie lon-
gue & tranquille, & je songai à me faire un repos honorable à Paris, par le
moyen d'une des charges qui sont tou-

jouis en pleine paix; mais un esprit de démon qui vint m'agiter, affoiblissant aussi-tôt l'amour que j'avois pour la tranquilité, m'alla suggerer que je pourrois parvenir à de tres grands etablissemens par le mariage : il me fit croire aussi que ma penetration étoit au-dessus du commun, puisque j'avois conduit si avantageusement ce que j'avois conçû du jeu, & qu'il n'y avoit rien dont je ne peusse esperer de tanter, aidé d'une alliance considerable; pourquoy il etoit à propos de me mettre en pompeux équipage : en effet, me di-je alors, un homme concerté manque rarement un bon parti, s'il trouve moyen de se soutenir quelque temps avec éclat, c'est un apas presque infaillible en cette occasion. Mon train ne devoit pas être tout-à-fait fondé sur l'esperance, je m'assurai qu'il dureroit, & commandai un des plus beaux carosses de Paris, avec des livrées brillantes; je resolus aussi de ne rien épargner pour m'attirer de la consideration & me disposer même à

exercer certains traits de liberalité
dans les occasions publiques où je me
rencontrois, pour me faire renommer
& estimer trés riche. Le plan de mon
établissement fait ainsi, je connus qu'il
falloit joindre à douze mille pistolles
que j'avois en argent comptant, au
moins dix mille écus, pour faire un
fond capable de me maintenir pendant le temps que je projettois d'employer pour me faire remarquer &
payer non pas la charge que j'avois
premierement conclu d'acheter, mais
en partie une beaucoup plus importante dont je me proposai de me re-
vêtir; car mon ambition croissoit toûjours, demeurant redevable du sur-
plus : de maniere neanmoins qu'on ne
le pût pas aisément pénetrer, & que cela ne fit point d'obstacle aux alliances
où j'avois dessein d'entrer : j'esperai
que le jeu qui avoit si bien commencé mes affaires, ne me refuseroit pas
ces dix mille écus; je les suis allé chercher dans les plus fameuses maisons
de jeu de Paris; mais le traître avoit

changé d'avis aussi bien que moi,
au lieu d'y trouver ce qui me manquoit : j'ai perdus les douze mille pis-
tólles que j'avois & quatre mille écus
qui m'ont étez prestez sur cartes piquées. Ciel quel revers ! fut-'il jamais
desolation plus affligeante ! Vous re-
joüierez, reprit froidement Mirabel,
le jeu à des ressources, & je comprens
que vous sçavez joüer ; de plus je ne
vois pas que vous ayez sujet de crier
si haut contre le jeu, ce qu'il vous a
fait perdre n'est presque que la moitié
de ce que vous avez dit que vous a-
viez gagné. Douze mille pistolles &
quatre mil écus perdus en deux mois,
répliqua Dalibal, tiennent lieu d'un
beaucoup plus gros gain comme je l'a-
vois fait : on se consomme en frais de
voyages & en fêtes aux Dames, il faut
s'acquerir par tout la faveur du beau
Sexe, sans quoi il est rare qu'on réüs-
sisse : ce sont les Dames qui donnent
presque toûjours le prix aux hommes;
un habile joüeur commence ordinairement par gagner leur approbation,

l'experience faifant connoitre qu'elles mettent fouvent en feureté la bonne fortune d'un heureux en païs inconnu, & quelquefois même celle d'un adroit qui auroit été fort embarafsé fans cet appui : j'en ai vû d'afsez reconnoiffantes pour deffendre la réputation d'un joüeur qui en avoit bien ufé avec elles, contre leurs maris mêmes : mais il y a de grandes dépenfes à faire, & je ne l'ai que trop éprouvé, il m'en refte de groffes parties à payer chez le Traiteur & chez le Marchand.

Belalhis qui avoit deffein de connoitre entierement l'état de la fortune de fon ami Dalibal, & qui fe faifoit un chagrin prefque pareil au fien du contre-temps qui lui étoit arrivé, lui demanda s'il ne lui reftoit rien du jeu. Je n'ai plus que des nippes, répondit Dalibal, l'argent comptant s'en eft allé; mais j'en puis faire encore de trois tentures de tapifferies & d'un buffet affez paffable, dont j'eftime que Dautal me fera bien donner deux mille

cinq cent piſtolles, j'ai un boiſſeau de
petits bijoux d'or & d'argent, goblets,
tabatierres, flacons, boutons de manches, chaînes, medailles, boëtes à
portraits, boucles de jarretieres , de
chapeaux & de ſouliers , quelques-
unes garnies de pierreries, & le colier
de perles de la femme d'un Tréſo-
rier de France de T.... je ne comprens
pas comment il eſt encore à moi , j'ay
réçû des honneſtetez de cette Dame
qui m'ont fait chercher les moyens
de le lui rendre, ſans que ſon mary
qui l'a perdu aprés l'avoir eû d'elle a-
vec violence pour le joüer , le pût at-
tribuer à une reconnoiſſance de ga-
lanterie dont elle n'eſt pas capable ;
il vaut bien mille écus , je ne ſuis pas
en état maintenant de faire des liberalitez, je brulerai vingt juſte-au-corps
& autant de houſſes de chevaux cou-
vertes de galons d'or & en broderie,
j'en ferai autant de pluſieurs robes de
chambre dont l'étoffe eſt trés riche.
Vous jugez bien, Meſſieurs, que j'ai
pouſſé le jeu contre beaucoup de per-

fonnes, puifque ces pieces me font demeurées.

J'ai auffi deux diamans en bagues, dont un fameux Joüailler que j'avois autrefois rencontré en route & qui m'avoit vû à Lion joüer & les gagner heureufement, m'a voulu donner quatre cent piftolles, fur ce que je les eftimois de plus grand prix: il s'avifa de me dire que je ne faifois pas reflexion à ce qu'ils m'avoient coûté. Quand on reüffit au jeu, on coure rifque de paffer pour y entendre fineffe: ce Joüailler s'imaginoit fans doute que j'avois joüé avec avantage; mais quoi qu'il eut grand tort, je ne jugai pas à propos de témoigner m'en fâcher; c'eft un homme dont on eft accoûtumé de fouffrir les libertez, & je fçavois ce qui lui étoit un peu auparavant arrivé avec une grande Dame.

C'étoit une Ducheffe qui l'avoit mandé pour lui vendre des perles qu'un trés grand Prince lui avoit autrefois données, & dont la mort ayant fini les liberalitez, elle étoit obligée de tems en tems de se défaire de quelques-uns de ses joyaux, pour fournir à ses dépenses, ces perles étoient des plus belles du monde, & la Dame y avoit beaucoup de regret : le Joüailler les regardoit avec assûrance qu'elles ne lui échapperoient pas ; il étoit presque le seul en France de sa profession, qui pût faire un marché de cette consequence: tout-à-fait subtil, il lisoit dans les yeux de la Dame le besoin qu'elle avoit d'argent ; enfin étans venus aux prix, & le Joüailler en offrant moins qu'elle n'en pretendoit:Ha Monsieur, lui dit'-elle d'un ton chagrin, ces perles valent bien davantage que vous ne dites. J'en doute, Madame, lui repondit-il aussi-tôt, je suis sûr que j'en offre plus qu'elles ne vous ont coûté. Cette Dame qui n'a pas moins d'esprit qu'elle a eu de beauté, ne fit pas de procés à ce Marchand de ce mauvais mot dont il pouvoit y avoir une explication fort maligne, au contraire elle convint qu'il

avoit raiſon ; mais qu'en ce temps-là
les perles ſe donnoient ; & quoiqu'elles fuſſent tres-cheres depuis, & que
ce colier valût un tiers plus que ce que
le Joüaillier ne le vouloit acheter, il
l'eut à ſon prix, la Ducheſſe étoit preſ-
ſée : mais il n'aura pas mes diamans
pour ſes quatre cens piſtoles, je nem'en
déferai jamais à moins de deux mille
écus. J'ai quinze montres d'or en pen-
dules , & trente autres à la vieille mode ; j'ai gagné douze ou quinze chaiſes
roulantes en differentes pauſes de mes
voyages ; j'en ai vendu les chevaux, &
les chaiſes ſont dans des hôtelleries
ſur les routes de Paris à Lyon , à Bor-
deaux & en Bretagne ; je ne fais pas
état de cet article pour ſa valeur:mais
je me ſouviens de la commodité dont
ces chaiſes m'ont été quelquefois pour
marcher plus aiſément , lorſque le
cheval m'avoit fatigué , elle eſt tres-
agreable à un voyageur qui ne veut
point perdre de temps , car il ſe repo-
ſe ſans s'arrêter.

Mon linge eſt beau quoyqu'il ne

ſoit pas fort aſſorty parce qu'il vient de pluſieurs endroits ; la plûpart a eſté fait pour de gens qui n'en portoient que de magnifique, & ma toilette eſt de ce que l'Angleterre & la Flandre eut en ce genre de plus curieux & de plus fin.

J'ay mille livres de rente viagere ſur l'Hôtel-Dieu de Paris & quelque eſperance ſur ſeize mille francs que me doit le fils d'un Fermier general : il é-toit Directeur en une Province où il a beaucoup perdu & m'eſt demeuré en reſte de cette ſomme : comme Il étoit fort jeune & qu'il s'eſt depuis jetté dans les armes, je n'ay pas tout à fait conté ſur ces ſeize mille francs, ils ne ſont pas employez dans les quatre vingt mille eſcus que je vous ay dit que j'avois gagné, tout le reſte en eſt. C'eſt encore là quelque choſe, reprit Belhalis. Je vous voy vingt mille écus du moins, continua Mirabel, qui vous reprochent le dépit que vous avez contre le jeu. Ha, Meſſieurs, s'écria Da-libal, que je me trouve loin d'où j'étois.

Mais, repondit Mirabel, cette science
de cartes & de dez dont vous nous
parliez tantôt, n'aura t-'elle point la
vertu de rappeller voftre bonne fortu-
tune toute entiere. Dalibal alloit re-
pondre, ou plûtoft protefter qu'il ne
jouëroit jamais, lorfqu'on avertit
qu'un carroffe attendoit à la porte du
cofté de la ruë de Richelieu. Dalibal
fut prié d'y monter le premier, ce qu'il
fit aprés avoir donné ordre qu'on dît
chez luy qu'il n'y coucheroit pas, Belalhis & Mirabel y eftant auffi entrez,
ils commanderent au cocher de prendre le chemin d'Auteuil.

LE

NOUVELLISTE.

Mirabel, Dalibal & Belalhis for-
toient du Jardin du Palais
Royal, l'orfque les Nouveliftes im-
portans commençoient à y entrer, il

y'en avoit bien auparavant, comme il y
en a toûjours de quelque basse espece,
curieux au dernier point ; mais dont
l'exterieur trop usé les rend ordinairement timides. Ces trois Messieurs
avoient esté suivis par ces pauvres
Nouvelistes qui tâchoient de prêter
l'oreille à leurs discours , sans néanmoins oser marcher sur la même ligne : mais les fameux venans à paroître, il n'y auroit plus eu moyen à des
gens dont la mine promettoit qu'ils
sçavoient ce qui se passoit, de s'empêcher d'y estre joint.

Quelques uns de ces fameux sont
déterminez à l'excés, parce qu'ils ne se
montrent en ce lieu que quand ils se
sont animez en quelque endroit où ils
ont découvert du vin bien naturel &
à bon marché pour le prix qu'on le
vend , ce qui redouble leur curiosité
naturelle & les fait entreprendre de
questionner tous ceux qu'ils rencon-
trent. Il y entre aussi presque en
même tems des hommes aparament
froids , & qui ne veulent estre regar-

dez que sur le pied de gens qui viennent prendre l'air, ou qui passent pour
aller en quelque assemblée où l'on
met tous les autres esprits au creuset :
ils commencent par drapper entr'eux
les plotons de Nouvelistes qui ne se
dissimulent point : mais quand ces trois
succombent à la tentation de s'y mes-
ler, ce qu'ils brûlent d'envie de faire, ils
sont les plus obstinez ; & bien souvent
plus opposez au bon sens que ceux qui
sortent du Cabaret. Beaucoup de curieux de differens caracteres avoient
déja mirez de loin & de prés nos trois
Cavaliers, sur qui ils ne trouvoient de
prise par aucun geste qui marquast de
la simpathie pour eux, quand un des
plus entreprenans qui avoit vû entrer
plusieurs fois Dalibal chez B. M. c'est
où il avoit joüé de si grand malheur,
ouvroit la bouche pour luy demander
s'il n'y avoit point rencontré un certain Monsieur, quelqu'un à qui il
forgeoit un nom ; il se preparoit à lier
conversation avec luy pour le jetter
ensuite sur les nouvelles : mais l'arrivée

vée du Carrosse le mit en défaut.

Pendant que nos trois Cavaliers sont menez vers Auteuil, voyons un peu ce qui se passe ordinairement dans le lieu d'où ils sont sortis, particulierement entre les Nouvelistes. Il n'y en a point de plus dangereux que ces prudes aparens qui disenr froidement qu'il ne sont point nouvelistes : ils commencent leurs démarches en esprit fort, & ils abordent ceux à qui ils veulent bien faire l'honneur de se communiquer en levant les yeux & y donnant un tour à persuader que ce qu'il diront leur vient d'un endroit infaillible : ils reglent la croyance de ceux qui les écoûtent, dont presque aucun n'a la hardiesse de dire son sentiment qu'il n'en ait eu sa permission par quelque coup d'œil, qui est toûjours suivi d'un applaudissement entier. Ils font le procés où le merite de tous ceux qui ont de l'autorité dans le monde, les Ministres d'Etat & les Generaux d'armées ne sont pas dignes de leur emplois s'il n'ont leur pareatis. Ces hom-

B

mes qui d'abord sont si reservez en apparence, s'animent peu à peu & toûjours en augmentant, entrent dans les
entousiasmes, dont ils sont charmez
eux mêmes. Ils voyent dans les yeux
de ceux à qui ils parlent, s'il conçoi-
vent une admiration suffisante de leur
profonde politique,& se déchaîsnent
de telle maniere dans l'appetit qu'ils
ont de se faire applaudir, que si des
gens qui ont des affaires particulieres
se tiroient alors à l'écart, dans le dessein de s'en entretenir, il les taxe-
roient tout haut d'être ennemis de
Dieu & de l'Etat. Il y a quelque tems
qu'un bas Normand pour y avoir fait
le rafiné,y courut risque d'être noyé.
Il luy arriva un jour de quitter en se-
couant la teste, un ploton au milieu
duquel étoit un de ces venerables;ce
qu'il ne vouloit pas croire étoit effectivement faux, il en fit le railleur : il
se leva une huée contre lui & incontinent on agita ce qu'on en devoit
faire, il fut conclud de le jetter dans
le grand bassin ; & comme il esseyoit,

d'échapper, ſes Juges le coururent à
coups de pierre, deſorte qu'il étoit en
riſque de ſa vie ſi deux des gardes de
Monſieur le Duc d'Orleans qui ſe
trouverent là, ne l'avoient ſauvé feignant de l'arreſter pour le faire pu-
nir, ils furent avertis par quelques
hommes cenſez, car il s'en promene
auſſi dans ce Jardin, de l'embarras
de ce bas Normand. Il étoit teſtu à la
verité, il avoit couſtumé de s'en faire à croire, & traitoit quelques fois
de réveries les ſentimens des Nouveliſtes; il en étoit hay, & ſe vit preſt
d'en eſtre accablé. La peur qu'il en
eut luy a porté bonheur, car re-
nonçeant tout-àfait à frequenter ce
lieu, il a traité d'autre choſe que de
nouvelle & s'eſt jetté dans des dé-
comptes qui luy ont donné deux mi-
lions de bien ſans qu'il y ait un ſol
à rabattre.

Quand le ſoleil eſt trop chaud pour
ſe promener, ſans eſtre fort incom-
modé les bancs qui ſont à l'ombre autour du rondeau & un autre fort long

qui eft au bout du Boulaingrain qu'on
nomme l'arriereban des Nouveliftes,
ne manquent pas d'être chargez des
courtifans les plus affidus des Jardins de ce Palais. Un homme reveur
y eft fouvent auprés d'un grand par-
leur, un Philofophe à cofté d'un Mo-
nopoleur : il s'y rend des gens de travail pour s'y délaffer, & des faineans
qui ne travaillent jamais ; des pauvres & des riches , des bons & des
méchans. Là un homme moderé qui
a limité fa fortune a quelques rentes
viageres , paffe la moitié de fa vieil-
leffe à dire & à écoûter les nouvelles
de fon tems fans chaleur , & prend
garde de ne fe froidir , fatiguer ny en-
gourdir , crainte de laiffer à d'autres
la place qu'il tient à la tontine. Un In-
genieur qui avoit autre fois été nommé
pour aller à Siam & dans la mer du
Sud , rapporte la lifte de ceux qui y
font reftez & fe confole d'avoir perdu la penfion qu'on luy promettoit
pour ces voyages. Un Banquier autrefois fameux, remercie Dieu de ce

que le privant de son credit & de la
plus grande partie de son bien il luy
a donné du repos. Là, tient ses assises
un Officier d'armée qui s'est cabré
contre le service, parcequ'il croit qu'on
a eu tort de lui en preferer un autre
qui n'y étoit que depuis luy. Auprés
de là un Chanoine de Province qui
fait les affaires de son Eglise à Paris,
quand il y en a, & qui pour supplé-
ment est obligé, s'il veut toûjours
estre appointé comme present d'écrire chaque semaine les nouvelles du
tems à son Chapitre. Un homme de
Finance & un autre de commerce, qui
aprés avoir fait de bonnes fortunes
qu'ils ont presque toutes entieres en
argent contant, dissimulent leur opu-
lence sous des airs familiers à tout le
monde : leur but principal est de se
faire estimer aussi peu riches que ceux
avec qui ils conversent ; ils craignent
qu'on ne les invite à secourir leur
Prince & leur Patrie d'une partie de
leur bien, & s'abaissent mesme à chercher avec les autres coureurs de bou-

chons, la bouteille à juste prix : mais ils sçavent chaque jour ce que vaut l'argent, & employent toutes leurs adresses à en faire hausser l'interest.

Proche de ceux cy est un Comedien qui a quitté le Theatre pour avoir le tems de travailler à son salut; peu s'en faut qu'après avoir joüé les premiers rolles, il ne compare sa retraite à celle de l'Empereur Charles-Quint : le monde, à ce qu'il dit, estant une pure comedie. Pour achever d'y representer son personnage, il joüit de mille francs de pension que luy fait sa troupe & de trente mille escus qu'il a épargnez du tems que Corneille & Moliere travailloient pour le Theatre.

Auprés de luy se repose un vieil Garde du corps qui ne peut plus marcher qu'avec des bequilles, & qui a bien de la peine à arriver au jour qu'on lui doit payer une pension viagere. Un Apoticaire, qui après avoir cedé à son fils le privilege de faire des qui pro quo dans sa boutique, s'est créé une charge d'essayeur de bonnes & de mau-

vaiſes nouvelles du Jardin du Palais
Royal. Le Preſteur à cartes piquées,
feüillete ſeul ſur un banc, un étuy de
chagrin remply de cartes, elles ſont
ſignées de pluſieurs joüeurs, dont la
plûpart ne vont plus aux grands jeux,
parce qu'ils n'ont plus ni argent ni crédit; il ſonge aux moyens de les reſſuſ-
citer pour avoir occaſion de tirer ce
qui lui eſt dû : les expediens l'embaraſ-
ſent, & il referme ſon étui, en chan-
tonnant d'un air qui ne dit ni bien ni
mal, ayant connu que s'il a des pro-
fits prompts avec quelques Joüeurs,
il perd beaucoup avec d'autres : il at-
tend l'heure qu'on recommence à
joüer chez F. & chez B. M. où il eſpere effacer de vieilles cartes & en faire
de nouvelles. Un Souffleur, de deſſus le bout d'un autre banc bien remply, examine les phiſionomies des aſ-
ſiſtans; il cherche quelque dupe, ou
quelque intriguant qui l'introduiſe
chez une perſonne puiſſante : il luy
promettra la pierre philoſophale ſans
heſiter, mais ſecretement ; & quoy-

qu'il affûre que les frais du grand œu-
vre font petits, il dit néanmoins qu'il
luy faut un homme riche & d'autorité, parce qu'il le mettra mieux qu'un
autre à couvert de la perfecution que
l'on fait aux fages : fon veritable but eft
de trouver dans la bourfe de celuy qui
le feroit travailler, des remedes à de
vieilles affaires qu'il eft neceffaire d'ap-
paifer : fans quoy on ne jouiroit pas du
Philofophe en liberté : Il fçauroit bien
aprés en faire furvenir de nouvelles à
proportion de l'entêtement où il auroit mis celui qui feroit la dépenfe.

A l'autre bout, un Charlatan fait
la fentinelle ; il a vieilly à parier dans
les Académies & dans les Jeux de paume, le plus fouvent du bon côté, c'eft-
à-dire, pour ceux qui gagnoient,
quand ils vouloient; c'eft une confidence que des adroits qui ménagent leur
jeu, font à des particuliers qui leur en
paye contribution : mais la mine de
leur cabale étant éventée, le parieur
ne pouvant plus vivre de ce métier, il
s'eft avifé de compofer des onguents

& des breuvages de noms inconnus. Il
a fait courir le billet pour des remedes,
qu'il dit infailliblement guerir les ma-
ladies secrettes , & vient se montrer à
propos en ce lieu , aprés qu'un autre
de son intrigue a tâché de le mettre en
reputation : Ils ne manquent guéres
d'y trouver pratique , parce qu'il s'y
promene quantité de ces sortes de galanteries. Un Plaideur, fils de famille,
aprés trente ans de procés aussi avancé que le premier jour qu'il l'entreprit,
consomme en ce Jardin , tout le tems
qu'il n'employe pas aux sollicitations :
Il ménage jusqu'à la maniere de prendre l'air pour n'avoir pas trop d'apétit,
ce qu'il épargne sur sa nourriture , lui
aide à payer son Avocat , pendant
qu'un usurpateur , qui de Laquais de
son pere en étoit devenu le Commis ,
s'étant appuyé par le mariage de la
fille de joye d'un homme du temps ,
joüit d'une charge considerable qu'il
luy ravit sans rien payer : le pauvre
usurpé ne dort point , il se couche sans
souper & perit de langueur en atten-

dant la fin de son procés qui n'arrivera qu'aprés sa mort ou qu'il sera devenu fol par l'inanition & par les traverses.

Un Voyageur fameux, dont le nom est respecté dans toute l'Europe, porte là des idées que rien ne peut contenter : il ne sçauroit se contraindre à chercher du bien par des voyes rempantes, & séche sur pied faute du necessaire.

Un Financier de la vieille roche, qui devenu pauvre par le resassement des temps, raconte tout ce qui luy a fait plaisir, depuis le ministere du Cardinal de Richelieu jusqu'à la chute de Monsieur Fouquet : il ne parle des temps passez depuis, que d'un air désolé, parce qu'il n'a pû porter sa vigueur & sa fortune jusqu'à celui-cy.

Un autre Vieillard qui court le siecle, autrefois Secretaire de Monsieur de Charnassé, fait le portrait du grand Gustave, & développe les mysteres de la politique de ce temps-là : il ne manque pas de l'autoriser par ce qu'il

en a entendu dire à son Maiftre,
& au Pere Joseph, & tire l'horofcope
du Roy de Suede d'aujourd'huy, dont
les deffeins ne font pas moins gene-
reux. Ces perfonnages, & d'autres
de differens caracteres, s'entretiennent
de ce qu'ils ont vû & de ce qui les regarde en particulier, lorfque les nouvelles ne fourniffent pas ; & bien fouvent dans l'empreffement que quelques-uns ont de donner bonne opinion de leur fait, quatre ou cinq parlent à la fois.

Deux jours de la femaine, une
troupe de gens de quelques degrez
inferieurs à ceux-là, la plûpart arti-
fans qui negligent leurs métiers pour
courir où font les nouvelles, s'affem-
blent autour d'un arbre, attentifs à la
lecture qu'y fait un de la compagnie
qui y eft adoffé ; il abreuve ce gros ploton de ce qu'il y a dans toutes les Ga-
zettes, & cela pour un fol dont ils
contentent la Gazettiere qui a fucce-
dé à la veuve, en fon vivant la femme
la moins intereffée de Paris, & la plus
pauvre.   B vj

Aprés cette lecture generale, les nouvelles imprimées ont coûtume de se déborder dans tous les coins du Jardin ; il se fait alors des commentaires dessus, aussi differens que les esprits qui les ont digerez.

Quand il arrive qu'un des Nouvellistes respectez, comme de ces prudes prétendus dont nous avons parlé, sous l'opinion desquels tous les autres fléchissent, jusqu'à ceux mêmes qui auroient la teste & le ventre pleins de vin de Tonnerre, tant leur autorité est bien établie. Quand un de ces respectez, dit-je, deploye en se promenant une lettre ou un autre papier écrit à la main, il est aussi-tôt environné d'autant de personnes qu'en peut contenir la largeur de l'allée où il est ; s'il est assis, il se forme comme un nuage autour de lui qui grossit à vûë d'œil ; & de bouche en bouche ce qu'il luï plaist de communiquer est porté jusques aux plus éloignez. Quelquefois quelqu'un fend hardiment la presse pour aller à celui de qui vient la nouvelle, & feint un interest particulier, en ce qu'il rapporte pour se faire esti-mer homme d'Etat.

Aprés que toutes les nouvelles sont dites au Palais Royal, & que des hi-stoires qui ont été rebattuës déja cent fois, y ont encore été renouvellées, les cocqs des plottons choisissent ceux qu'ils trouvent dignes de leur tenir compagnie, & leur font signe de les suivre aux Thuileries. C'est sur les six heures que se fait le trie de cette pro-menade, & les moins mal en ordre vont se produire dans ces magnifiques Jardins, où le desajustement des au-tres ne seroit pas de mise. Aprés le tour de la grande allée, il se retirent sous des ormes qui sont du côté de la terrasse qui borde la Seine. Là les plus venerables prénent sceance, pendant que le reste étant debout ne se lasse point de participer à la recapitulation de ce qui a été debité de plus impor-tant pendant la journée, non seule-ment au Palais Royal, mais encore à Luxembourg, à l'Arcenal, au Palais,

ſans oublier les Cloîtres, où il ſe fait
un monde de Nouveliſtes, & les fameux Caffez de Paris, d'où il ne manque pas d'y venir des députez.

Diſons auſſi par occaſion un mot des
Thuilleries, il eſt difficile de s'en empêcher en ſi beau ſujet de parler. Ces
Jardins ſont les plus beaux du monde,
ainſi que nous l'aſſûrent des voyageurs
qui ont vû ceux de Rome, d'Hiſpaham
& de Dely : ils ont de quoy ſatisfaire
toutes ſortes d'eſprits ; les bocages y
ſont infiniment favorables aux Poëtes
& aux Amans ; les penſées qui leur
viennent ſous ces agréables feüillages,
prennent un tour de l'adreſſe dont il
ſeroit difficile qu'ils fuſſent inſpirez ailleurs. Les boulingrains ſervent de lits
de repos à ceux qui aiment à rêver &
à lire. De jeunes Abbez y apprennent
auſſi par cœur des Sermons, & des A-
vocats des Cauſes qu'on leur a com-
poſez pour le fondement de leur réputation. Des Amans & des Amantes
paſſionnez s'y communiquent leurs
ſentimens dans une diſpoſition tres-

prochaine de satisfaire à tout ce que
leurs desirs demandent. La terrasse du
côté de l'eau, vers le bout qui regarde
le Cours, est le quartier des Philoso-
phes & des Naturalistes; ils y découvrent avec les beautez dont la campagne est ornée, les signes que le Soleil
donne du temps à venir, par la cou-
leur du lit dans lequel il se couche.

Le parterre qui regarde le Palais des
Thuilleries, & d'où sortent trois jets
d'eau merveilleux qui retombent en
trois grands bassins, est occcupé par
les hommes les plus qualifiez de la
promenade ; s'il y en a de distinguez
par des marques illustres, ou par le
bruit de quelque action d'éclat, ils se
tiennent à cette entrée pour se faire
connoître & s'entendre nommer par
ceux qui passent ; leur rang & leur
réputation leur facilitent l'inclination
des Dames. Ils les abordent ensuite a-
vec quelque droit d'en être bien traitez ; elles se font honneur de leur
plaire ; leurs conversations se lient dans
la grande allée, & c'est-là où les fem-

mes & les galans du bel air mettent en
fuite les perſonnes qui ne ſont pas dans
une propreté recherchée, & que la magnificence impoſe la néceſſité de s'é-
carter ou de s'aſſeoir, à tout ce qui ſent
le campagnard ou le bourgeois.

Les Abbez friſez ne s'éclypſent pour
aucun éclat qui puiſſe y paroître ; &
comme ils ſont fiers d'avoir ſouvent
rêvez en chambre les galanteries que
les Marquis commencent aux Thuilleries, les Coquettes font par ſignes avec
eux des railleries de ceux qui ſe promenent : ce qui redouble le plaiſir de
leur promenade.

La Bourgeoiſe déguiſée ſous de la
dorure, paſſe avec la qualité, & ſi elle
n'a pas tant de dégagement d'eſprit,
elle l'égale du moins en beaux habits
& en deſir de faire des conquêtes.

L'Homme d'Etat & le Magiſtrat de
haute conſideration, qui pour être é-
levez aux grandes dignitez dans la vigueur de leur âge, n'ont pû donner encore beaucoup d'inclination à leurs
emplois, tirent de deſſous leurs cha-

peaux des coups d'yeux qui ne font apperçûs que de celles à qui ils font lan-
cez, & la difpofition de leur tête déro-
be aux autres la connoiffance du manége qu'ils font de leurs regards.

Quand la nuit commence à broüil-
ler le jour, certains Amans fortunez
qui gardent des mefures de difcretion
avec leurs Dames, quittent la crainte
qu'ils ont que leurs pourfuites ne faf-
fent un éclat qu'ils n'approuveroient
pas : ils fe fourent dans la preffe, &
plus il fait fombre, & plus ils s'appro-
chent de ce qu'il ne paroiffoit pas qu'ils
connuffent.

D'habiles Dames qui étoient en-
trées par la porte du Pont Royal où
elles avoient laiffé leur équipage &
leur fuite, & qui font forties par la porte du manége, pour ne pas manquer à
des rendez-vous, reviennent aprés
leurs parties finies, & vont rejoindre
leurs gens comme fi elles n'avoient
point eu d'autres affaires que celles de
fe promener aux Thuilleries.

Le beau monde eft dans ce lieu

charmant jusqu'à dix heures , même
plus tard ; les Nouvelistes & les Philo-
sophes sortent à huit , & les Gens de
fortune qui sont entrez dans des alliances élevées , s'y tiennent tant qu'on
peut les voir, ils cherchent à se faire reconnoître de quelqu'un qui dise : Voilà un tel qui est puissamment riche. Il
a marié sa fille à Monsieur le Marquis ,
à Monsieur le Comte , à Monsieur le
Président , &c. C'est le Paradis d'un
homme de finance de faire sçavoir
l'honneur & les biens que lui ont acquis ses talens ; il est rare d'en rencontrer qui songe qu'il y en ait un autre :
& quand un Partisan fameux se pro-
mene-là, il veut marquer qu'une alliance ou une charge a mis son bien à couvert.

C'est en ce lieu ; mais il est temps de
revenir à nôtre sujet , laissons faire à
d'autres qui se promenent plus souvent , le reste de cette revûë.

LE
FINANCIER.

LEs Dames avec qui Belalhis &
Mirabel avoient fait partie arrivoient à la porte du Cours,
lorſqu'elles furent averties de l'accident qui les retarderoit de les joindre:
elles y laiſſerent le laquais qui leur en
apporta la nouvelle qu'elles chargerent
de leur montrer le chemin qu'elles alloient prendre, & ordonnerent à leur
cocher de les mener par deſſus la levée,
voulant joüir d'un côté de la fraicheur
de l'eau, & de l'autre de l'abri des arbres qui bordent ſi agréablement cette
promenade; elles y eurent à peine a-
vancé deux cens pas, qu'elles mirent
pied à terre & marcherent ſuivies de
leur caroſſe, ſe tenant ſous les bras. La
moins jeune des deux dit à ſa compa-
gne, ma chere Vilanor, que penſe tu
des hommes que nous attendons, ſont-

ils à ton gré, & crois tu que nous faſ-
ſions bien Madame d'Auteüil & moi
de les épouſer. Ces Cavaliers ſont trés
accomplis, répondit Vilanor ; m is à
vous dire ſerieuſement mon avis, ſi j'é-
toís veuve avec les avantages que vous
avez l'une & l'autre, je vivrois pour
moi & pour mes amis, ce que les maris ne ſont pas toûjours : cependant ſi
vous vous deſtinez au mariage, j'avoüe
que vous uſez en femmes qui ont le
goût beaucoup meilleur que les perſonnes qui vous ont choiſis vos premiers maris : je m'imagine bien auſſi
que vous ne les aviez pris que par o-
béïſſance & que l'amour n'y avoit
point de part. Qu'y trouvez vous à
redire, réprit celle qui avoit parlé la premiere ? Ha, Madame, répondit l'autre,
comparez s'il vous plaît les Cavaliers
que vous attendez à feu Monſieur
d'Auteüil & à vôtre Monſ. Drubar.
Vous ſouvient-il de l'air étonné du
premier qu'on avoit empaqueté dans
ſa robe dés en ſortant du College , &
qui eſt mort ſans ſçavoir ſi le monde eſt

par delà Gentilly : c'étoit un sujet bien
propre à entretenir les bonnes graces
d'une femme pleine d'esprit & de belle
humeur ; comme est Madame d'Auteüil.

Faites aprés cela , Madame, reflexion
sur Monsieur Drubar , remettez-vous
ses manieres basses & si bien orientées
à son profit, qu'il ne laissoit personne
en doute qu'il ne l'eût sacrifié pour le
moindre interêt : vous sçavez par où il
avoit passé pour devenir riche , & que
les leçons de N... dans l'antichambre
de qui il a fait l'Argus pendant six ans,
l'ont formé en Maltotier fieffé , c'est à
dire, qui prend de trois côtez ce qui ne
luy appartient pas. Comment l'enten-
dez-vous, Vilanor , reprit Madame
Drubar , vous poussez loin la compa-
raison, & c'est me traiter gaillardement
que de me faire la femme d'un voleur
à triple étage : ne vous chagrinez pas,
répondit Vilanor , cecy est sans consequence & ne fait rien à vôtre rendez-
vous, de plus il n'y a personne icy qui
nous écoute ; permettez-moy de vous

expliquer ce que j'ay compris du métier de vôtre défunt mari, & de vous
faire remarquer combien il est diffé-
rent de celuy d'un homme d'honneur.
Feu Monsieur Drubar, continua Vilanor, s'est enrichi par trois moyens que
je ne crois pas que vous estimiez. Pre-
miérement il prenoit sur le peuple au
delà de l'Ordonance, c'est par où commence la fortune de tels plublicains,
& ce que je suis informée qu'il a prati-
quée aussi-bien que le reste de ce que
je vous diray. Secondement il trom-
poit ses associez par des partages de
départemens, comme beaucoup d'autre font encore, & par des publications
precipitées, de l'adjudication desquel-
les il tiroit des pots de vin au préjudi-
ce de ses confreres: par de double emplois de dépense dans des comptes de
collusion, & en des chapitres déguisez
qu'il arrêtoit avec des Commis à sa
devotion. Enfin il voloit le Roy par
des parties dont il ne faisoit point de
mention, & par des diminutions qu'il
obtenoit; à quoy ses registres falsifiez

& des témoins concertez luy ser-
voient. Il est mort dans son lit, rendons en graces à Dieu ; cependant je
vous trouve bien heureuse vous , &
Madame d'Auteüil d'être delivrées de
tels maris. Vous ne les épargnez point
du tout, dit Madame Drubar d'un air
fâché, ces peintures sont de vôtre maniere dont j'ay dû me défier , & ne
pas vous abandonner ces deux il Y-
tres morts. Ils ont peut-être avancé
leur fin par la peine qu'ils ont prise à
nous plaire & à nous enrichir ; particulierement Monsieur Drubar ; il seroit encore vivant s'il n'avoit fait de
grands efforts de corps & d'esprit pour
mettre sa famille en beaucoup d'éclat.
Non, Vilanor, je ne pardonnerois pas
ce qui vient d'arriver à tout autre
qu'à vous : mais vôtre amitié m'est
trop chere pour en conserver du re-
sentiment, je vous prie seulement de
croire que Monsieur Drubar avoit
l'ame plus élevée que vous ne pensez.
Je ne m'en suis par apperçüe, répondit
Vilanor. Toutes les inclinations de feu

mon mary, reprit Madame Drubar,
me parurent nobles avant sa mort. Il
s'étoit naturalisé homme de condition
avec les Grands qu'il regaloit ; il étoit
ferme de contenance en leur compagnie & dans les endroits où l'on fait ordinairement de la cérémonie : il passoit
comme il se rencontroit avec les
gens les plus qualifiez ; de sorte qu'on
ne pouvoit dire qu'il ne le fut pas aussi :
bon, repliqua Vilanor en riant, faites
graver tous ces avantages dans son E-
pitaphe ; joignez y le titre de quelque
charge d'importance, ou de quelque
brevet honnorable qu'il aura voulu
avoir, & à cinquante ans d'icy il arrivera ce qui se voit aujourd'huy, que
quelque enfant trouvé, qui comme
luy aura fait fortune sous ce même
nom qu'il aura pris pour luy porter
bonheur, l'appellera son grand pere &
produira ce tombeau pour faire ses
enfans Chevaliers de Malthe.

Madame Drubar un peu étonnée :
ah ma chere Vilanor, dit elle, accor-
de moy quelque treve : si tu faisois ré-
flexion

fléxion sur quantité de personnes que tu vois dans des postes confiderables, ce ne seroit plus fur le pauvre Monfieur Drubar que tu te déchaînerois, tu trouverois bien d'autres fujets d'exercer ta fatyre. Je le fçay, repliqua Vilanor; mais vous m'avez mife en train fur Monfieur Drubar, il a fallu que ce qui m'eft venu dans l'efprit ait paffé : je luy feray neanmoins cette juftice de declarer qu'il n'y a rien de plus extravaguant que la plus grande partie de ce qu'on dit des gens de la profeffion où il s'eft employé, du moins fi l'on prend garde à ceux qui le difent, c'eft tel dont le pere ou l'ayeul étoit un concuffionaire infigne , qui n'a de Charges & de Chateaux que par les mêmes voyes qu'il cenfure aujourd'huy : ces fortes de gens aident euxmêmes à faire le procés à ceux qui leur ont donné la vie; car ils ne font de diftinction que parce que leurs fucceffions n'ont pas été épluchées par des rechercheurs auffi exacts qu'étoient leurs peres ou leurs ayeux qui

C

ont depoüillez les voleurs qui les ont précedez. On voit tel qui doit tout le bien qu'il possede, à des remises dont son pere a joüi pour le traité qui n'a point eu d'execution, ou à d'autres qui ont été forcez sur des compagnies, & où il n'a point couru de risque, en profitant du quart au moins de ce qui en devoit revenir au Roy : ou bien à des forfaits dont il faisoit trouver presque tout le produit à son avantage. Tel autre a une charge de Tresorier ou de Receveur des Comptes ; de laquelle il aura trouvé moyen de sortir avec la moitié moins d'acquits veritables qu'il ne luy falloit ; ou à des Edits dont le recouvrement n'aura été quittancé ni appuré. Ce tel joüit de Marquisats & de grandes Magistratures & n'a point d'entretien plus dur ni de plus fiere sevérité que contre ceux qui font ce que ses ancêtres ont fait : On pourroit insensiblement se persuader que ces personnages sont de beaucoup meilleure trempe que ceux qu'ils blâment ; mais à quelques années prés c'est la même chose : si l'on excepte en France les vrais descendans de quelques Maisons renommées qui ont rendus des services signalez à l'Etat par les voyes de l'honneur, tout est de même pâte. Je dis vrais descendans, car le nom ne fait presque plus rien pour les connoître : les Partisans qui acheteront, ou qui usurperont des Seigneuries, en prennent le nom & les armes, ils les soûtiennent avec la splandeur que leur facilitent les grands biens qu'ils s'aproprient bien souvent par les trois moyens que je vous ay rapporté, & par d'autres dont ils cachent la connoissance : pendant que les vrais rejettons des lignes illustres qui n'ont pû se resoudre à rabattre de la grandeur d'ame de leurs predecesseurs ; meurent dépouillez, & souvent sans posterité, pour ne trouver plus de partis sortables.

Tu moralise long-tems, ma chere Vilanor, interrompit Madame Drubar, & tu me cherches une quérelle de gaietté de cœur, pour trouver occasion de faire le procés à bien du monde. Te contenteras-tu si je t'avoüe qu'il y a des hommes beaucoup plus aimables que ceux de ce caractere : & qu'enfin Monsieur de Mirabel tient une place dans mon cœur que je n'ai jamais donnée à celuy que je n'ose plus nommer, crainte de te faire recommencer à en médire : mais oserai-je avoüer à toute autre qu'à une amie aussi intime que toy, que je n'ay point aimé un mary qui m'a laissé tant de bien. Oublions-le pour toûjours s'il se peut, répondit brusquement Vilanor; & en attendant que nous voiyons Monsieur de Mirablel, apprenez-moy comment vous avez fait connoissance avec ce Gentil-homme.

Histoire de Belalhis, Mirabel, Madame d'Auteuil, Madame de Drubar.

Tu sçais que nous sommes cousines Madame d'Auteüil & moy, dit Madame Drubar : mais il y a beaucoup de particularitez dans nos fortunes qui ne font pas connuës. Mon pere qui mourut à quarante ans, me laiffa dans ma fixiéme année, fous la tutelle de fon frere, dont Madame d'Auteüil eft fille : ma mere étoit morte auparavant. On m'a voulu perfuader qu'en ce tems là, on eftimoit ce que j'avois de bien plus que celuy de toute la famille de mon oncle : mais foit qu'il y ait eu du déperiffement dans ma fuccceffion, par des voyes naturelles, ou que par des intrigues qui ne font pas de ma por-tée, on m'en ait ôté la meilleure par-tie ; je me vis en âge d'être mariée fans ofer afpirer à un médiocre parti pen-dant qu'il fe prefentoit pour ma coufi-ne, des gens revêtus de grandes char-ges avec des gros équipages.

Belalhis & Mirabel demeuroient enfemble dans nôtre quartier : ils re-marquerent aifement que nous ne nous quittions point, & ils s'informe-rent de nous, comme de perfonnes pour qui ils marquoient de l'eftime, à des voifins qui nous le redirent. Ils fçûrent bien-tôt que nôs fortunes n'étoient pas égales ; puifqu'à l'une on donnoit cinquante mille écus en mariage, & que l'autre n'en avoit pas la dixiéme partie.

Nous apprîmes auffi quels étoient les biens de ceux qui s'informoient de nous : & je connus que ma coufine étoit trop riche pour aucun d'eux, & que je ne l'étois pas affez. Cependant ils s'accoûtumerent à nous faire civilité par tout où ils nous trouvoient, & le lendemain d'un jour qu'ils nous accompagnerent jufqu'à nôtre logis, au rétour d'un concert où nous avions été invitées ; nous les trouvâmes aux Thuilleries : nous y fimes enfemble deux tours de la grande allée, & aprés qu'ils nous eurent témoigné en des termes fort honnêtes, qu'ils ne voyoient que nous capables de les arrêter : ils nous firent infenfiblement entrer dans l'allée des Tilleuls où nous nous affimes.

Il y a toûjours dans cette allée, affez de monde pour y être en feureté

contre les hommes les plus entreprenans , & il n'y en coule pas cette
quantité accablante qui preſſe & in-
terrompt ceux qui parlent dans celle
d'où nous venions de ſortir. Le lieu
paroiſſant à ces Meſſieurs commode
pour leur deſſein , Belalhis prit la parole & nous dit ; Meſdemoiſelles, nous
ſommes gens ſinceres qui n'établiſ-
ſons point nôtre recherche ſur des ru-
ſes & ſur des intrigues , nous vous di-
rons nous mêmes franchement le but
où nous aſpirons : nous ſommes deux
couſins à marier , & vous étes deux
couſines qui n'avez peut-être point de
repugnance à l'être : ce Gentil-homme & moy joüiſſons chacun de ſix
mille livres de rente ; quelques ſuc-
ceſſions nous regardent encore , &
nous ne ſommes pas loin d'être couché ſur l'état des penſions du Roy ,
pour quelques ſervices : ſi nous avions
vingt fois plus de bien & d'acquits,
ce ſeroit avec plus de joye que nous
nous offririons à vous : nous ſçavons
que l'une de vous eſt plus riche qu'au-

cun de nous, & que l'autre l'eſt trés
peu : mais vous avez toutes deux des
qualitez dont nous ſommes charmez ;
nous tirons au ſort d'être également
heureux ſi vous nous épouſez : vous
étes nos maîtreſſes ; accordez-vous ,
& reglez ſelon vôtre penchant à qui
nous devons être.

Je regardai ma couſine , elle avoit
envie d'être mariée, ces galans ne luy
déplaiſoient pas : mais ſon pere luy
avoit porté l'eſprit à de ſi hautes pre-
tentions , que j'eus peur qu'un Gentil-homme de ſix mille livres de rente
ne fut pas aſſez pour contenter ſon
ambition : pour moy je ne comprenois
que trop , que ce me ſeroit un établiſ-
ſement que je devois ſouhaiter. Cependant je n'oſois répondre par le reſ-
pect dans lequel j'avois été élevée, pour
une couſine ſi riche : mais elle ayant
un peu rêvé, tourna la choſe en raillerie ; & s'étant levée aprés m'avoir ſerré
la main : Meſſieurs , leur répondit-elle,
vous choſiſſez le plus beau lieu du
monde pour vous divertir ; nous vous

remercions de la part que vous voulez bien nous donner dans vos plaifirs.
vous ne fçavez pas bien qui nous fom-
mes, & nous ne fçavons pas affez qui
vous étes. Deux coufins, répartit, Belalhis, bons Gentil-hommes, fans fard
dans nos manieres : & qui fur nôtre
honneur ferons quand il vous plaira ce
que nous vous avons propofé : vous
étes deux coufines, filles uniques ; la
plus, continua-t'il, d'un ton qui témoignoit qu'il s'étoit beaucoup informé,
n'aura-t-elle pas bien de la joye d'obliger celle qui l'eft la moins, & d'ap-
prouver nôtre recherche. Puifque
vous nous quittez, pourfuivit - il,
voyant que nous nous éloignons, nous
vous laiffons pour y penfer & demain
nous vous attendrons fur le même
banc jufqu'à huit heures pour avoir
vôtre refolution : enfuite de quoy nous
nous promenâmes feules. Ma coufine
fit toûjours la rieufe de cet entretien,
elle ne témoigna pas un moment qu'elle le crût ferieux : j'en avois un chagrin veritable, mais je le cachois fous

des apparences enjoüées. Il ne faut pas manquer au rendez-vous, luy difois-je pour voir jufques où ils poufferont cette badinnerie: je la ménageois le mieux qu'il m'étoit poffible, & la voulois ramener aux Thuilleries fans qu'elle foupçonnât que j'euffe deffein d'aider à celuy de ces Meffieurs.

Mon oncle fe trouva difpofé ce jour là à ne fe point fervir de fon caroffe, ce qui nous en laiffoit la liberté: mais ce fût en vain, nous ne fortîmes point: & depuis que ma coufine eft veuve, elle m'a declaré que ce ne furent pas tant les raifons que j'avois pû m'imaginer qui l'empêcherent d'aller au rendez-vous, que parce qu'elle avoit de la jaloufie qu'on me deftinât au même rang qu'elle. Il eft aifé de voir que ce n'étoit pas un amour aveugle qui faifoit faire cette démarche à ces Meffieurs, puifque même ils n'étoient pas affurez de laquelle chacun d'eux feroit le partage. Ils nous avoient fait entendre que leur refolution étoit de fe marier en même tems à deux fœurs ou à deux personnes qui fussent extremement unies, afin de lier une societé qui leur fît passer la vie plus doucement. Ils ne nous retrouverent point aux Thuilleries, ce qui les faisant juger que nous n'étions pas d'accord de ce qu'ils desiroient, ni peut-être même entre nous, ils cesserent leur poursuites : cependant je perdois cette occasion avec beaucoup de regret.

J'avois peine à digerer mon ressentiment contre ma cousine, rappellant ce qu'on m'avoit voulu persuader, que son pere avoit fait un extreme tort à mon bien, j'entrois dans un dépit violent contre toute sa famille ; lors qu'il m'accorda à Monsieur Drubar. Il étoit dans une sous affaire, & il avoit une faveur marchandée pour le pousser, mais qu'il ne pouvoit faire valoir manque d'argent & de credit. Il donna & me fit donner à mon oncle, quittance de tous mes droits, pour une somme assez legere : à condition qu'il lui ayderoit à soûtenir de nouveaux traitez.

Ces accords se firent au même tems

que ma coufine contractoit avec Monfieur d'Auteüil : Il étoit Confeiller, mais fils d'un homme de Finance, & voulant mêler fourdement les utilitez de la profeffion de fon pere avec l'honneur de la fienne : il fut comploté entre mon oncle, Monfieur d'Auteüil, & Monfieur Drubar, qu'ils feroient tous trois intereffez fous le nom de mon mary. Ces projets fe font executez, ils ont gagné confiderablement : je croy auffi, & je le trouve à mon compte que Monfieur Drubar m'a dédommagée de ce que mon oncle pouvoit avoir profité dans ma fucceffion : il a fans doute eu le fecret de s'approprier quelques obmiffions impenetrables pour eux : car je me vois maintenant auffi riche que ma coufine, quoyque fur le pied de fon contract & de nôtre focieté, elle le deut être bien davantage.

Nous avions été mariées dans la même femaine, nous demeurâmes veuves prefque en même tems : peu d'années aprés, Monfieur d'Autüil trés délicat & mal propre au mariage, mou-

rut en langueur : & Monfieur Drubar
étant revenu de faire une tournée de
confequence , tomba malade : nous
donnâmes quelque ordre à fon cabi-
net , & enfin il alla rendre compte à
Dieu des moyens dont il s'étoit fervi
pour acquerir plus d'un million de bien
pendant les trois ans que nous avons
été enfemble , fans ce que mon oncle
qui mourut deux mois auparavant , &
Monfieur d'Auteüil avoient profité.

Mon Mary mort , j'eus quatre cens
mille francs comme commune en
biens , outre mon doüaire , & ce que
j'avois apporté ; & entre nous , encore deux cens mille livres payables au
porteur , que je trouvay dans une maniere de fcapulaire fur fon eftomach :
je perdis le refte pour ne m'êttre pas
précautionnée affez-tôt.

He-bien ! Madame , dit Vilanor ,
ne convenez vous pas que ces fortunes font inconcevables , & fans doute
trés criminelles. Il me fouvient à ce
fujet, d'un Financier à qui fon frere,le
jour qu'il partit pour l'autre monde ,

prit dans sa poche pour neuf cens mille francs de Billets pareils aux vôtres; ce qui n'empêcha pas qu'on ne trouvât encore pous ses enfans soixante-dix mille louis d'or en sept cassettes, & plus de deux millions en autres effets: ce sont des biens prodigieux.

Ces biens, reprit Madame Drubar, ne se peuvent acquerir que par une cabale de gens qui ont trouvé le secret de donner la loy aux Ministres & aux Princes mêmes : & qui se font passer pour les pilliers de l'Etat en le détruisant. Mais ce n'est pas à moy à découvrir ce mystere; qu'il te suffise que je te pardonne ce que tu disois tantôt contre mon défunt mary , & que je t'avoüe que je ne t'ay point fait de grace: oüy répondit Vilanor, & que vous ne vous en trouvez pas mal. C'est assez, réprit Madame Drubar, le moins que l'on parle des choses est le mieux; les arbres aussi-bien que les murailles ont quelquefois des oreilles ; c'est pourquoy je passe au reste de mon histoire.

Lors que nous fûmes veuves , ma

couſine & moy , nous nous remîmes ensemble, nous vivons à preſent avec beaucoup plus de franchiſe l'une pour l'autre , que nous ne faiſions étant filles : & c'eſt dans ce dernier tems qu'elle m'a avoüé la jalouſie dont elle avoit été capable , elle l'a mille fois condamnée & m'a demandé pardon des mouvemens d'une ambition ridicule & demeſurée , qui font ſouvent que les perſonnes qui par la liaiſon du ſang devroient être les plus diſpoſées à s'entreprocurer des avantages , les empêchent par le ſeul motif de tenir dans un état inferieur ceux qu'ils ſont naturellement obligez de regarder avec amitié : comme ſi l'orgüeil n'avoit point d'effort plus illuſtre à faire que de ſoumettre ſes plus proches : nos eſprits ſont épurez de ces injuſtes ſentimens, & nous vivons depuis un an avec beaucoup de ſincerité l'une pour l'autre.

Il y a quelque tems , qu'allant au vilage de ma couſine, nous nous entretenions des deux couſins qui nous avoient autrefois fait des offres de ſervice solidairement. Ah! ah! s'écria Vilanor en éclatant de rire, voila un mot du mystere: ce mot, dit Madame Drubar est dans un Billet payable au porteur; il m'est venu sans y refléchir, & je l'ay mis là peut-être mal à propos: non, non, répondit Vilanor, ils s'obligoient tous deux d'acquiter leur promesse, & même en telle espece que vous l'auriez voulu.

Enfin, continua Madame Drubar, il nous prit une certaine bienveillance pour la sincerité dont ils avoient usé, & nous parlions d'eux en des termes qui leur auroient fait connoître qu'ils ne nous étoient pas indifferents s'il nous avoient entenduës, lorsqu'ils passerent auprés de nous au même endroit où nous sommes à present. Ils alloient à Versailles, dans une chaise qui marchoit assés vîte; Belalhis avança la tête pour voir qui étoit dans nôtre carosse; curiosité assez ordinaire à ceux qui vont sur cette route, il nous reconnut & en avertit Mirabel.

Quelques pressez que ces Messieurs

euſſent paru d'être, ils commanderent à leur cocher de moderer ſes chevaux, & le nôtre continuant ſon train
ordinaire, les portieres de nos voitures
ſe trouverent bie-tôt vis-à-vis l'une de
l'autre. Meſdames, nous cria incontinent Belalhis, vous fuyez une rencontre que vous deviez apprehender,
particulierement ſur un grand chemin:
Monſieur Mirabel & moy qui arrivâ-
mes hier de l'exil où vos mépris nous
avoient envoyez, trouvons juſtement
l'occaſion de nous vanger des peines
que nous y avons ſouffertes. Madame
d'Auteüil, qui comme tu ſçais n'eſt
pas aiſée à étonner, leur demanda ſans
s'émouvoir, où ils s'étoient cachez
depuis qu'on ne les avoit vûs : leur re-
prochant qu'ils étoient des amans ſans
perſeverance, les pria de nous venir
informer à Auteüil de tout ce qui leur
étoit arrivé. Ces galans nouvellement
revenus nous accompagnerent juſques
chez ma couſine, & nous apprirent
qu'ils étoient ſortis de Paris croyant
que nous n'approuvions pas leur re-

cherche : qu'ils avoient fait le tour de l'Italie & de l'Allemagne, & nous protesterent que si nous n'avions point d'engagement, nous ne pouvions trouver deux hommes dont l'estime & l'affection fussent plus constantes : nous leur contâmes de nôtre côté le changement qui étoit arrivé dans nôtre état : & connoissant que si nous avions donné nos personnes, nous n'avions pas encore donné nos cœurs. Ils nous témoignerent la même inclination qu'ils nous avoient autrefois declarée.

Ce sont deux Cavaliers dont nous prisons beaucoup la générosité, & la bonne foy. Il nous laisserent ce jour là dans les sentimens que je te dis, & continuerent leur voyage à Versailles, où ils devoient rendre raison de quelques negotiations dont ils avoient été chargez par lettres de la part d'un grand Ministre.

Ces Messieurs se sont depuis attachez à nous tout de bon, & prenant le parti pour lequel ils nous ont trouvé du penchant : Belalhis s'eſt declaré pour Madame d'Auteüil ; Mirabel qui a quelque choſe de plus ſerieux, & dont il ſemble que les ſentimens ſoient même plus aſſurez, m'eſt écheu : de ſorte que ma couſine & moy, tantôt prêtes à les épouſer, & tantôt ſous quelques raiſonnemens que nous for-mons, differant la conclusion de nos mariages, nous n'avons pas encore pris de reſolution aſſez ferme, & nous nous rendons aujourd'huy à Auteüil pour voir ſi nous finirons.

Vous les épouſerez, réprit Vilanor; pour demeurer veuve, comme je le diſois tantôt, il faut dés le commen-cement de ſon veuvage, faire profes-ſion determinée de ne contracter point de nouvel engagement : quand on hé-ſite comme vous faites, la complaiſance d'un homme pour qui on a du penchant emporte bien vîte le conſen-tement : enfin pour vous conſeiller ſe-lon vôtre cœur, il faut que je vous diſe de l'épouſer. Je m'y trouve particulie-rement engagée, dit Madame Dru-

bar, & par reconnoiſſance : à qui puis-
je plus juſtement faire part de mon
bien, qu'à celuy qui a bien voulu me
faire part du ſien lors que je n'en avois
point : je ſuis ravie de pouvoir ſuivre
mon inclination, & remplir mon devoir. Et toy Vilanor , continua-t'elle,
que pretens-tu devenir, ne te marieras
tu point ? Si le ciel, répartit Vilanor, a
réſolu de faire un mariage paiſible dont
je ſois la moitié , il m'en donnera un
autre bien docile. J'aime la promenade, le jeu , les ſpectacles, la dépenſe
en meubles & en habits ; & avec cela
j'ay peu de bien : ajoûtez que les moin-
dres contrarietez me mettent aux
champs , & qu'un mary pourroit courir d'étranges riſques s'il manquoit de
complaiſance. Sçavez-vous quelque
bien né , bien fait, & bien riche , qui
me veuille à ces conditions, nous ver-
rons ce qui en arrivera. Tu ſeras meilleure que tu ne dis , répondit Madame
Drubar ; ta franchiſe qui te veut rendre ſi terrible , vaut mieux que les dou-
ceurs affectées de quantité d'autres

femmes. Je jurerois que tu ne seras point ce que tu menace d'être : & la plusupart des doucettes & des prudes font pis à leurs maris que tu ne promets au tien. Nous pouvons dire entre nous, puisqu'il n'y a point d'homme icy, que presque tout nôtre Sexe est bien dissimulé, & que beaucoup d'autres qui étalent le plus d'attraits, ont d'étranges retours : Je vous en assure, répondit Vilanor, je me suis vûë en confidence avec de ces mignonnes qui font les meilleures du monde dans les lieux de passe-tems & d'entrevûës ; mais font-elles dans leur naturel & au fond, c'est tout autre chose. Madame Drubar dit à Vilanor, que bien des hommes avoient sujet de se plaindre de leurs femmes : mais que quelques unes faisoient tout le bonheur de la vie de leurs maris : & qu'elle esperoit la voir un jour adorée par le sien ; je ne m'y attens pas, répondit Vilanor, il faudroit qu'il fût trés accompli pour mériter mes complaisances : un homme de fortune n'a ordinairement d'acquis que

de l'argent ; il eſt ſans éducation & ſans
généroſité : je ne m'en accommoderois
pas. Un homme de conditionqui a été
bien elevé, a de l'honneur, & eſt rarement riche. Sans bien, le mariage
eſt un purgatoire pour une perſonne
de mon humeur : hé comment ſe con-
ſerver genereuſe & fidelle dans la pauvreté : je ſuis faite à demeurer fille
toute ma vie, & il faut que je ſonge à
prendre le tems comme il viendra. Elles changerent alors le ſujet de leur
converſation, & le tournerent ſur la
tranquilité des eaux de la Seine qui
étoit couverte de Cignes : ces ſuper-
bes oiſeaux entretenus par la munifi-
cence Royalle pour le divertiſſement
public, les inviterent à les voir de plus
prés ; elles monterent dans un petit
batteau qui rangeoit le rivage, & furent goûter le paſſe-tems de voguer
ſur ce paiſible fleuve, au travers de
pluſieurs eſcadrons de ces pompeux
nageurs.

Aprés avoir admiré la blancheur de
leur plumage, & leur adreſſe à faire

des paſſades, elles prirent plaiſir à la
fierté avec laquelle ils ſe preſentoient
pour recevoir ce qu'elles leur ten-
doient. Les rames du vaiſſeau étoient
cependant maniées de ſorte qu'elles
conduiſoient vers les lieux où ces Dames voyoient des troupes des ces oy-
ſeaux, plûtôt que du côté d'Auteüil,
où elles n'avoient pas deſſein d'arriver
ſans les Cavaliers qu'elles attendoient
& leur caroſſe rouloit ſur la terre
pour ſe trouver prêt à les reprendre
quand il leur plairoit de quitter l'eau.

LE

CRITIQUE.

LEs deux Cavaliers qui devoient joindre ces Dames, augmentez d'un tiers, comme nous avons vû, avoient pris leur route par la ruë S. Honoré, pafferent devant la place que Monfieur de Louvois avoit commencée ; Dalibal confiderant le changement qu'on y faifoit : ces ruïnes, Meffieurs, dit-il aux deux autres, aydent à me confoler de mes pertes ; & je vous prie de remarquer le peu de ftabilité des chofes d'icy bas. Il n'y a pas long-tems qu'un Miniftre puiffant élevoit les déhors de vingt Palais qui auroient fait de cet endroit la plus magnifique enceinte du monde. Il eft mort, vous voyez comme on traitte fes deffeins ; dont Sa Majefté donnoit une fi haute idée de fon genie. Des portiques fuperbes, l'admiration des
étrangers

étrangers font déja terraffez , & l'on ne
bâtit que des Maifons bourgeoifes fur
leurs débris ; on reftreint cette place
par tout, ce qui diminue la gloire de celuy qui avoit entrepris d'en faire le plus
beau monument de l'Europe ; & femble gêner la ftatuë de nôtre Monarque
qui n'eft plus dans un lieu affez pompeux pour fa grandeur. Nous con-
noiffions , dit Belalhis , le Miniftre dont
vous parlez , il nous a fait l'honneur de
nous donner autrefois des ordres que
nous avons ménagez le mieux qu'il
nous a été poffible. Il étoit capable de
bien fervir fon maître , qu'il eftimoit
meriter l'être de tout le monde : il a
perdu un trés bon fujet à fa mort, &
l'on ôte confiderablement à fa memoire , de mettre bas un des plus beaux
monumens qui la peut conferver. Ce
Miniftre , répondit Dalibal , a choifi
pendant le cours de ces vaftes projets ,
fon tombeau dans les Capucines qui
font au bout de cette place. Que les
hauteur qu'on fe donne , font bien ba-
lancées par le fouvenir du neant que

D

l'on eſt, puiſque les eſprits les plus rai-
ſonnables de ceux qui joüiſſent des
avantages de la fortune , laiſſent leur
cœur à garder aux Heros de l'humilité & de la pauvreté.

Orgüeilleuſe humilité, réprit Mirabel, toutes les marques en ſont d'or,
de jaſpe, & de marbre : elles ne ſont
ainſi miſes que pour faire durer la ſu-
perbe des hommes aprés leur mort;
mais malgré toutes les Inſcriptions
qu'ils y font graver, & la matiere dont
ils ſont bâtis ; leurs cendres reprennent
la route dont leurs corps ont été tirez;
& tel eſt magnifiquement écrit, dont
les reſtes ſont confondus avec ceux
des pauvres & des lepreux : c'eſt en
vain qu'on pretend ſe faire de diſtinction par des tombeaux : tous les eſprits retournent au principe, & là, les
emplois pendant la vie ne ſont eſtimez
qu'autant qu'ils ont ſervi au bien de la
nature, & à garder les commandemens
de ſon Auteur ; qui concluent tous à
l'amour & à la charité du prochain.

J'admire, continua-t'il, celuy qui

fait placer sa figure au milieu d'une salle de dispute, & qui aprés avoir mis toute la terre en combustion, croit augmenter le respect pour sa memoire, de donner le moyen à des esprits de controverse, de combattre pendant le reste des siecles, sur des idées & des raisonnemens contraires. Cet autre qui par son Testament s'érige en pere des nations, & ordonne qu'il soit écrit en lettres d'or dans un Mausolée magnifique ; aprés avoir consommé la plus docile de l'univers, par le feu de son avarice, & une legion d'autres. Les uns, sous des voûtes avec des ornemens insignes pour être plus en vûë & plus prisez. D'autres dans des lieux grillez, pour être plus separez du commun : ce sont chimeres, & pures chimeres : il n'y a que des vers là dedans, dans peu il n'y aura que des cendres : & enfin rien du tout. O vous insignes perturbateurs du répos des hommes, qui affectez de laisser vos noms & vos emplois gravez sur le cuivre & sur le marbre : sçachez, si vous étes capable de

l'apprendre, qu'ils n'y reſtent ſouvent
que pour donner lieu à ceux que vôtre
ambition a deſolez, d'en venir dire des
véritez que vôtre orgüeil & vôtre credit ne laiſſoient point entrer chez
vous, pendant que vous avez vêcu.

Meſſieurs, interrompit Belalhis,
vous moraliſez bien inutilement : le
monde ira toûjours ſon train ; nous ne
prenons la campagne que pour nous
divertir, qui penſeroit toûjours ſi ſerieuſement n'auroit jamais de plaiſir ;
il faut tirer le rideau devant bien des
choſes, & ne voir ſi long-tems que ce
qui contribue à donner de la joye.

Ils arrivoient à la porte du Cours en
finiſſant cet entretien, auquel le chagrin de Dalibal avoit inſenſiblement
porté Mirabel. Le laquais que les Dames avoient laiſſé les y attendoit, &
ſur ſon rapport ils prirent le chemin de
la levée. Ils avancerent juſques vis-à-
vis le rond qui fait le milieu du
Cours, ſans les rencontrer : mais ils
voyoient devant eux le carroſſe dans
lequel ils jugeoient qu'elles devoient

être, & se pressoient de les aborder, lorsque des cris sortis d'un batteau leur firent tourner les yeux du côté de la Seine : ils reconnurent des gens de Madame Drubar, ce qui leur fit penser qu'elle étoit en péril, & mirent pied à terre
pour courir la sauver.

Le danger qui avoit causé ce bruit é-
toit passé, lorsque ces Cavaliers arriverent à l'endroit d'où il étoit parti. Mademoiselle Vilenor venoit d'êttre tirée
du batteau presque aussi morte que vive: on l'étendit sur le rivage où elle rendit une pinte d'eau qu'elle avoit ava-
lée, & fut ensuite portée à la maison
rouge. Il fallut donner l'éclaircisse-
ment d'une telle avanture à ces Messieurs qui ne comprenoient pas comment des Dames qui étoient montées
en carrosse pour aller au Cours, &
de-là à Auteüil, pouvoient être trou-
vées en ce naufrage. Ils apprirent enfin la curiosité qu'elle avoit euë, &
qu'après avoir voltigé au travers des
Cignes & que par des termes agréables
elles eurent encensez la beauté du

tems & des objets qui s'offroient à leurs yeux ; Madame Drubar voulut chanter, & dit à Mademoiselle Vilenor qu'elle prétendoit attirer au tour de son batteau tous les Cignes qui la pourroient entendre : Vilenor en voyant quelques-uns attentifs, assûra Madame Drubar qu'ils étoient enchantez, & passant la main sur le dos du plus proche, elle luy dit, suivez cette aimable Syreine : l'oiseau se sentant touché s'éloigna un peu, Vilenor dont l'enjoüement continuoit, se leva, & s'étant étenduë pour l'atteindre, il fit le plongeon ; si bien qu'au lieu d'être soûtenuë comme apparemment elle s'y attendoit, elle tomba de maniere que sa tête trempoit dans l'eau. Ses juppes s'étant renversées s'embaras-serent aux cordes du batteau, sans quoy elle auroit peut-être été noyée, mais elle resta dans une posture assez étrange : une femme de chambre qui étoit vis-à-vis d'elle, étonnée de ce qu'elle voyoit se jetta dessus pour la cacher : & elle auroit par l'exactitude

de sa pudeur & par sa pesanteur achevé
de l'étouffer ; si le marinier qui quitta
ses avirons pour y venir, ne fût incontinent passé de l'admiration où le mît
ce spectacle, au soin de donner reme-
de au danger qui le pouvoit suivre : il
décola la suivante de dessus cette Dame qu'il sauva enfin l'embrassant sans
cérémonie.

Madame Drubar épouvantée d'un
tel accident, non seulement cessa de
chanter, mais même perdit la parole :
elle attribua ce malheur aux médisan-
ces que Vilanor venoit de faire : & les
personnes du batteau à qui il restoit de
la voix crierent à l'ayde. Ce fut en ce
tems que Belalhis & ses amis les en-
tendirent, & c'étoit aussi à ce dessein
que Madame Drubar qui avoit un peu
répris ses esprits, & qui voyoit appro-
cher un carrosse, où elle se doutoit
qu'étoient ceux qu'elle attendoit, fit
faire cet éclat pour les appeller.

Aprés que les habits de Vilanor eurent été sechez, & sa coiffure racom-
modée : on commença à tirer des con-

D iiij

sequences. Madame Drubar qui faisoit ce voyage pour regler l'importante affaire de son mariage, effrayée
de ce mauvais présage, proposoit de
régagner Paris, & de remettre ces ré-
solutions à une autre fois. Belalhis &
Mirabel qui avoient versé en partant,
n'avoient pas bonne opinion de cette
promenade , outre qu'ils n'osoient
manquer de complaisance pour celle
qui sembloit ne juger pas à propos de
l'achever : & Dalibal qui se croyoit trés
malheureux depuis deux mois , se
croyoit capable d'écarter le bien & le
plaisir de tous ceux pour lesquels il s'in-
teressoit : de sorte qu'ils se trouverent
presque tous d'un même avis & sur le
point d'envoyer dire à Madame
d'Auteüil qu'elle ne les attendît pas
pour ce jour là.

Mademoiselle de Vilanor qui n'auroit pas été propre à observer les au-
gures , parce qu'elle n'y a point de
croyance, s'opposa fortement à ce retour. Comment dit-elle , avez vous vû
quelque chose qui vous ait fait peur,

je ſerois bien fachée d'en être la cauſe:
je vous aſſure que tous les mauvais
Cignes ſont dans l'eau, où j'ay laiſſé
celuy qui m'a voulu porter malheur;
& qu'il ne nous arrivera plus rien qui
ne donne de la joye.

Voilà, dit Dalibal, parlant à Mirabel, une morale bien plus divertiſſan-
te que celle que nous avions commencée ſur la place des Capucines: cette
Demoiſelle mérite qu'on approuve ſes
penſées, & je crois qu'elles ne ſont
pas le moindre divertiſſement des endroits où elle ſe trouve.

La réſolution de Mademoiſelle de
Vilanor remit cette troupe en train:
toutes les perſonnes qui en étoient
monterent dans les deux carroſſes qui
les avoient amenez, & demi-heure
aprés arriverent dans la cour de Madame d'Auteüil.

L'INCONNU.

L'Accüeil de la charmante veuve que cette compagnie alloit visiter, fut plein d'amitié pour les personnes qu'elle attendoit, & de beaucoup d'honnêteté & de remercimens pour Monsieur Dalibal qu'elle ne connoissoit pas : mais que Monsieur Belalhis dit en le luy presentant, être un de ses meilleurs amis. Il luy expliqua bientôt aprés de quelle maniere il l'avoit rencontré au Palais Royal ; ce qu'il avoit raconté de son jeu à Monsieur de Mirabel & à luy, & qu'il leur avoit promis le récit de avantures de son rétour en France, d'un voyage de long cours, où ils s'étoient premierement vûs.

Madame d'Auteüil chez qui étoit la compagnie, & avec qui, outre Madame Drubar, il y avoit plusieurs autres Dames ; témoigna à Monsieur de Belalhis qu'il luy faisoit beaucoup de plaisir, d'augmenter leur assemblée de la personne de Monsieur Dalibal, qu'elle remarquoit n'être pas un homme du commun, & qui venoit fort à propos avec ses histoires de Mer, pour une Dame qui n'avoit presque point d'autre passion que d'en entendre parler : Nous les mettrons ensemble, dit-elle, & je ne sçay si vôtre amy nous fera faire autant de chemin que cette illustre voyageuse. Aprés un quart-d'heure de repos, Madame d'Auteüil invita la compagnie à se promener dans son parc, & en suite par une porte de derriere, à l'entrée du Bois de Boulogne, qui est en ce lieu d'une futaye charmante, & venerable par son antiquité ; aprés quoy elle la conduisit dans un salon où l'on avoit servi un excellent Ambigu. La fraicheur des fleurs & des fruits y étoit mêlée au fumet des viandes les plus délicates : & sept ou huit sortes de liqueurs exquises augmentoient la disposition que l'on avoit à la joye.

On sortit à sept heures de ce salon

pour aller de deſſus une terraſſe, voir
le ſoleil ſe coucher dans la Seine. Belalhis trouvant cet endroit propre à
paſſer quelque tems , pria Dalibal
de faire part à la compagnie de ce
qu'il lui avoit promis ſur ſon rétour
d'Afrique. Dalibal qui n'avoit point
ſçû que Belalhis eut deſſein de le faire
entendre à d'autre qu'à luy , ou tout
au plus à Mirabel avec qui il l'avoit
trouvé , parut ſurpris de cette propoſition ; & ne croyant pas que ſon récit
pût-être divertiſſant pour les Dames,
répondit , qu'il s'étoit toûjours aſſuré
que Monſieur Belalhis luy donneroit
audience favorable , puiſqu'il ſe ſou-
viendroit des lieux dont il avoit à parler , & qu'il connoiſſoit ſans doute une
perſonne qui feroit preſque tout le ſujet de cette relation : mais que les Dames n'approuveroient pas qu'on les
entretînt des pays ſi éloignez , & des
choſes qui leur étoient entierement
inconnuës. Hé-bien , réprit Madame
d'Auteüil , nous apprendrons à les
connoître ; il y a telle icy continua-t-

elle, qui sçaura peut-être bien si l'on parle juste, du moins pour la situation des lieux, & la conduitte de la mer : nous ne voyons que trop de gens qui veulent nous amuser de bagatelles : nous ne demandons pas mieux, dit-elle en riant, que de trouver quelque galant homme qui nous donne un peu d'extraordinaire. Ha Madame, répliqua Dalibal, je suis bien faché de n'avoir rien à dire qui soit digne de l'honneur que vous me voulez faire de m'entendre : je ne gardois ce récit que pour Monsieur de Belalhis qui peut y avoir un interêt particulier. Quoy que ce puisse être, réprit Madame d'Auteüil vous nous en ferez part s'il vous plaît. Je souhaiterois réprit Dalibal, pouvoir rendre mon récit aussi divertissant qu'il sera veritable ; mais quand vous vous ennuyerez, je cesseray, il n'y aura rien de plus agréable pour moy que de vous obéir. Toute la compagnie s'étant assise au tour d'une table de marbre, sous un berceau de jassemin : Danibal rêva un peu , & prit ainsi la parole.

Histoire de Dalibal.

JEtois à l'embouchure du Senegal, quand Monsieur de Belalhis y parût avec six vaisseaux qui devoient faire aiguade au Cap-Verd. Le Senegal, Mesdames , réprit Belalhis , est un grand fleuve qui aprés avoir traversé une partie de l'Afrique sous differens noms , & roûlé de l'or avec son sable, vient tomber dans l'Ocean environ à quinze dégrez en déça de la ligne Equinoxialle. Nous prendrons nôtre tems, interrompit Madame d'Auteüil , pour vous demander des éclairsissemens si nous en avons besoin , cependant laissez, s'il vous plaît parler , Monsieur. Monsieur de Belalhis , poursuivit Dalibal , veut embelir mon récit , parce qu'il se doute bien & avec raison, que je ne puis pas en faire une chose qui vous soit fort agréable. Nous sommes ravis de vous entendre , répondit Madame d'Auteüil , & nous vous prions de continuer. Monsieur de Belalhis, réprit Dalibal, avoit le commandement des troupes que la France envoyoit fortifier ses établissement aux Indes, & la curiosité l'ayant invité en passant de connoître de quelle maniere l'or se pêche dans ce Fleuve de Senegal : il s'y fit porter en chaloupe pendant que ses navires croisoient en l'attendant.

Je me trouvois alors un des chefs de ceux de ma nation qui étoient répandus sur cette côte, & j'offris à Monsieur de Belalhis, pour qui je conçûs beaucoup d'estime, d'ayder son escadre des intelligences que nous avions en ces quartiers. Il se rembarqua aprés m'avoir témoigné l'obligation qu'il m'en avoit : & le lendemain je montay sur un Esquif, ainsi que nous en étions convenus, & me fis porter aprés luy, à voiles & à rames; de sorte que j'arrivay dans la baye qui est au dessus des mothes du Cap-Verd, dix heures aprés qu'il y eut mouillé. J'eus à peine mis pied à terre, que l'occasion s'offrit d'employer mon crédit, en adouciſſant la fierté du Gouverneur Afriquain qui avoit déja appellé toute la milice de ſon département, pour faire main baſſe ſur les François qui ne s'étoient pas expliquez à ſon gré, pour la reconnoiſſance qu'il prétendoit de l'eau & du bois dont leurs vaiſſeaux avoient beſoin ; & qui ne laiſſoient pas d'enlever. Je les accorday ſur cette difficulté, aprés quoy les Officiers ne ſongerent plus qu'à la chaſſe & à la bonne chere.

Les proviſions étant faites, cette petite flotte léva l'ancre, & fut reconnoître Rufie C'eſt une grande ance bordée en croiſant de caſes baſſes, où ſe tiennent les Naturels du pays : & de quelques unes plus élevées, qui ſervent d'habitations aux Europeens qui y commercent. Cette ance eſt ſituée demi dégré plus prés de la ligne que le Cap-Verd. J'y avois déja tout diſpoſé à vous bien recevoir, pourſuivit Dalibal, en s'adreſſant à Belalhis, & ſi vous en exceptez les ardeurs du la Zone torride, dans un tems auquel nous avions le soleil presque pour Zenit, ce qu'il n'étoit pas en mon pouvoir de moderer, vous n'y trouvâtes rien qui ne contribuât à vôtre satisfaction. Les Negres dans leurs canots firent une lieüe au devant de vos Navires, & vous y presenterent de leurs fruits, de leurs coquillages, de leurs oiseaux, & de leurs filles. C'est la mode de ce pays là, dit Belalhis ; ne vous en scandalisez pas Mesdames : & le plus grand plaisir qu'on puisse faire aux peres, est de ne les pas réfuser.

La loge Françoise pour vous régaler, continua Dalibal, joignit aux perdrix, aux puitades, aux tourterelles, & aux jeunes perroquets d'Afrique ; les liqueurs qui luy étoient venuës de l'Europe, par un vaisseau qui étoit à l'ancre à le barre du Senegal quand vous y passâtes.

Vous pûtes aussi remarquer dans les habitations Portugaises l'enjoüement des femmes de cette Nation, quand elles son- affranchies des capri-

ces jaloux des hommes , elles étoient
alors gouvernées par une habile Dame , veuve d'un célébre General , à
qui on l'avoit trouvée digne de succe-
der dans le commandement. Les femmes étant les maîtresses par l'autorité
de celle-cy , elles firent des fêtes &
des danses pour vous divertir : elles auroient sans doute continué à vous donner des marques de l'inclination qu'elles ont pour d'aussi galans hommes
qu'il y en avoit dans vôtre embarquement , si vôtre escadre n'eut pas remis
si-tôt à la voile : mais comme elle quitta cette plage trois jours aprés qu'elle
y eut abordé , vous perdîtes les plaisirs qu'elle vous y préparoient, & ce fut
avec beaucoup de chagrin que je me
vis ainsi separé de vous.

C'est une cruelle necessité, dit Belalhis,
que celle que le vent impose dans les
voyages de long cours; pour ne le point
perdre il faut tout abandonner , &
bien souvent pour jamais : j'eus bien
du régret aussi de vous quitter , mais
il fallut obéir au tems.

Si-tôt que vous fûtes parti de Rufie, réprit Dalibal, je donnay ordre à
mes matelots de me ramener au Senegal, le même vent qui vous portoit
de côte en haute mer, me pouffoit
presque à pleine voile à mon habitation, & huit rameurs foutenant mon
esquif dans un parfait équilibre, je
fendois les ondes avec une extréme
vitesse.

La mer m'étoit trop favorable pour
fonger à prendre terre où rien ne m'attiroit, & je cinglois dans la resolution
de doubler le Cap-Verd fans m'y arrêter : mais lors que j'eus razé la baye
où vous aviez fait aiguade, & que je fus
à la hauteur des roches qui font entre
les mothes du Cap-Verd & l'Ifle de
Gorée, une voix perçante frapa mes
oreilles.

Vous avez fans doute rémarqué
que le battement de la mer a fait grande impreffion en cet endroit, elle a
taillé ces roches en mille figures qui
divertiffent pendant le calme ; mais qui
font terribles dans la tempête, parce

qu'ils montrent la fureur de cet éle-
ment : les vagues étoient alors émeües
& mon imagination partagée entre la
précaution & le plaisir quand cette
voix me surprit, je voulus d'abord
éviter cet éceüil : mais enfin les tons
plaintifs de cette voix qui s'affoiblissoit
exciterent en moy des mouvemens de
pitié ausquels je ne pûs resister. Je
commanday au marinier qui ténoit le
timon de la chaloupe d'arriver au lieu
d'où venoit cette voix ; nous y abor-
dâmes en vingt coups de rames, &
si-tôt qu'elle fut arrêtée, je dis à un
soldat qui m'accompagnoit, de chercher le mal-heureux qui avoit été jetté
dans ces roches, sans doute par quelque naufrage. Ce soldat grimpa sur
une grosse roche percée en arcade,
sous laquelle nôtre vaisseau fut mis à
l'abri, & il eut à peine avancé trente pas qu'il cria qu'on allât à luy.
J'y fus, suivi de quatre matelots, &
le trouvay qui levoit la tête à un jeune
homme dont les yeux demi ouverts
disputoient contre la mort qui leur

vouloit faire perdre la lumiere pour
jamais, & qui avoit employé le reste
de ses forces à former les derniers cris
qui nous avoient appellez.

Des hautbois, des fluttes & des tam-
bours interrompirent Dalibal en cet
endroit de son récit, il ne le put continuer au travers des tons éclatants de
ce concert qui commença tout à coup.
Cette harmonie guerriere étoit sur
l'eau vis-à-vis du bateau, dans lequel
étoit Madame d'Auteüil avec sa compagnie.

L'Officier qui devoit monter le
lendemain la garde à Versailles, se
faisoit accompagner de ces instrumens
jusqu'à Meudon où il alloit coucher : il
avoit fait arrêter son batteau pour
donner cette serenade à Madame
d'Auteüil qu'il sçavoit être en sa maison ; elle parut sur l'appuy de la terrasse au pied de laquelle l'Officier
s'étant avancé pour luy faire compli-
ment, il l'invita ensuite de venir à la
Cour qui partoit bien-tôt pour Fon-
tainebleau : mais ce n'est pas assez Ma-

dame, dit-il, que vous y veniez ; il
faut s'il vous plaît perſuader à Madame de Maville, que je vois auprés
de vous, d'être de la partie ; & que cette illuſtre voyageuſe qui a paſſé dans
toutes les Cours des plus grandes
Puiſſances du monde, juge s'il y a
quelque autre Cour qui approche de
la magnificence & du bel ordre du
Roy de France, quelque part qu'il la
tienne : aprés quoy cet Officier dit a-
dieu, & fit incontinent recommencer
ſa muſique militaire qui avoit ceſſé
pendant qu'il parloit : elle dura juſqu'à
ce que le batteau fut ſi éloigné qu'on
ne le voyoit plus.

Dalibal avoit beaucoup d'impatience d'apprendre qui étoit cette Dame
de Maville, quoy qu'elle luy eût donné audience comme les autres, il ne
la connoiſſoit point pour ce qu'elle
étoit, il en demanda en particulier
quelque éclairciſſement à Madame
d'Auteüil, parce que, luy dit-il, il y
a une Dame de ce nom qui fait l'admiration de toutes les nations de l'Eu-

rope, qui ont des établissemens dans les Indes Orientales.

C'est elle même, répondit Madame d'Auteüil, que vous étes assez heureux de rencontrer icy, elle y est venue à ma priere pour nous faire part de ce qu'elle sçait de ces pays : elle n'a vû que moy familierement depuis qu'elle est de rétour en France ; elle s'est accoûtumée aux grands égards qu'on avoit pour elle dans les Cours des Rois des Indes, & le peu d'empressement qu'elle a connu pour ses experiences & son credit, dans ceux qui conduisent icy les affaires de cette expedition, la dégoûte de se communiquer. Nous aurons peut-être par amitié, ce quelle ne diroit aux Puissances qu'aprés beaucoup de cérémonie ; Monsieur de Mirabel & Monsieur de Belalhis en sont avertis, j'aurai soin d'engager Madame de Maville à ce récit sans rien affecter de mon côté.

Vous aviez raison, Madame, répondit Dalibal, de m'assurer qu'il y avoit quelque personne icy devant qui il ne

falloit pas broncher fur le fait de la
marine : oüy Monfieur, répliqua Madame d'Auteüil, & fur bien d'autres
chofes : car cette Dame en fçait beaucoup, & nous a même dit que fi vôtre
fexe nous fait l'injuftice en Europe
d'ufurper toutes les dignitez & tous les
commandemens , elle a pafsé dans
des pays où les femmes feules ont
droit de regner. C'eft donc , Madame , réprit Dalibal, ainfi qu'il eft aifé
de juger ; cette Dame un peu âgée qui
marche la premiere, qui ne parle prefque point ; & dont l'air me paroît extraordinaire.

Madame d'Auteüil & Dalibal s'entretenoient de cette voyageufe illuftre
au delà de toutes les femmes qui
ayent jamais entrepris de connoître le
monde. Belalhis , Mirabel , Madame
Drubar & Vilanor qui étoient du naufrage que Danibal avoit commencé de
leur raconter, fe propofoient d'en demander la fuitte auffi-tôt qu'ils feroient arrivez au logis, où ils fe reti-
roient à caufe de la nuit ; & la majef-
tueufe

teuse Madame de Manille qui les pré-
cedoit tous, les ramenoit vers le salon.

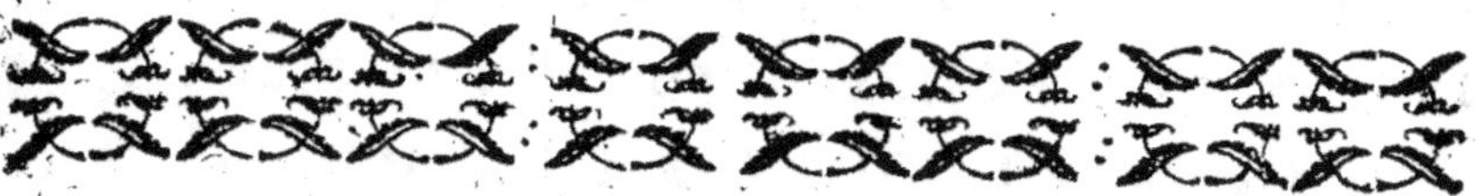

LE

SINCERE.

LOrs que Madame d'Auteüil, avec les personnes qui l'accompagnoient, étoit allée sur la terrasse qui regne le long du canal de la Seine, il n'étoit resté que quelques domestiques dans le salon où l'on avoit servy l'Ambigu : mais quand elle y rentra, il y avoit deux tables de joüeurs, paroissans tout à fait attentifs à ce qu'ils faisoient. D'un côté, deux hommes assez bien faits joüoient au Piquet, & de l'autre, deux autres au Tricque-trac, avec un tel silence que les dez & les dames faisoient tout le raison-nement. Les joüeurs aprés avoir salué la troupe qui arrivoit, continuerent leurs parties ; Danibal s'en approcha

E

pour juger des coups ; il s'y seroit tenu si Belathis ne l'en avoit retiré : comment, Monsieur, luy dit-il, est ce ainsi que vous abandonnez le jeu ? & se tournant du côté de Madame d'Auteüil : ha Madame, continua-t'il, si vous sçaviez comment nôtre amy nomme les lieux où l'on joüe : ouy réprit Dalibal, ceux où l'on fait métier de joüer, & où on ne se contente point de la perte d'un joüeur, si elle ne luy coûte sa ruine entiere ; mais j'approuve fort le jeu dans un lieu comme celuy-cy, où je croy qu'il n'est appellé qu'afin qu'il n'y manque aucun passetems.

Madame d'Auteüil dit, qu'elle avoit trouvé à propos de donner à joüer les soirs chez elle à ces sortes de jeux, pour y profiter du commerce de quelques personnes d'esprit qui venoient dans son village se délasser de l'embarras de Paris, & qui se tiendroient chez eux, si le pretexte du jeu ne les attiroit avec liberté. Voilà un homme, dit-elle, montrant un de ceux qui joüoient au tricquetrac, dont il faut que j'avoüe que j'aurois peine à me passer : la fortune qui l'a privé de la meilleure partie de son bien par des tours hors du commun, l'a reduit à embrasser les Finances pour tâcher de se rétablir ; il ne s'y plaît ni ne s'y avance guéres. Il n'en sçait donc pas le fin, réprit brusquement Mademoiselle de Vilenor, il a sans doute manqué de connoître un de ces Messieurs que je nommerois bien, il luy auroit, s'il avoit voulu, montré à fonds la plus riche profession du monde, & la seule à present par ou l'on puisse établir une famille opulente. Dalibal à qui l'humeur & l'air de cette Demoiselle avoit commencé de plaire dés sa premiere entrevüe, se tournant du côté de Belalhis luy demanda incontinent si ce n'étoit pas celle dont il luy avoit voulu parler, & parut tres content de connoître que ce fut à elle à qui son amy le destinoit.

Cependant Madame d'Auteüil continua l'éloge du joüeur de tricquetrac: Il seroit tres propre , dit-elle , à faire un grand Magistrat, il avoit été façonné en sa jeunesse comme une personne qu'on y destinoit : & a conservé l'équité de l'esprit dans laquelle il a été institué, il a de l'acquis suffisamment pour en bien remplir le poste : ordinairement il parle peu , mais je ne luy ay jamais rien ouy dire que de tout à fait ingenieux , & qui rejoüit l'imagination : il donne à ses pensées un tour qui est pour moy un divertissement parfait ; quand il veut demasquer un grand sens froid qu'on luy remarque d'abord : Je n'aurois pas cette satisfaction, sans la liberté que je luy donne de frequenter ma maison par le moyen du jeu : il n'est pas homme à se contraindre , ni à faire des complimens ; si je luy avois même témoigné qu'il me fait plaisir, je croy qu'il n'y reviendroit?pas : car je luy ay ouy dire une fois que l'esprit souffre de se sentir obligé à quelqu'un , & il ne veut pas s'apercevoir que ses amis ayent cette peine.

Parbleu, dit Betalhis, voilà un plaisant personnage pour se rencontrer où nous sommes ; que ne va t'il semer ses fantaisies dans les deserts de l'Arabie : Je gagerois, Madame, continua-t-il d'un ton aparemment dépit, qu'il n'y a que vous qui le puissiez souffrir, & peut-être encore avez vous pour lui quelque chose de plus que de l'estime. En verité, repartit-elle, je ne connois point de caractere plus digne d'être recherché : c'est une probité toute pure ; cette franchise me charme, les gens qui le blâment ne sçauroient y entrer, c'est à mon avis, celui du plus excellent ordre des hommes : Mais finissons, & pendant qu'on jouë à l'autre bout du salon, rassemblons nôtre troupe à celui cy, & que Monsieur, s'addressant à Monsieur Dalibal, nous acheve, s'il luy plaît, l'histoire qu'il a commencée.

Quoy, Madame, reprit Belathis, vous sortez si tôt des loüanges de vôtre

iij

atrabilaire, vous ſçavez apparemment ſon merite à fonds, & vous ne voulez plus nous rien dire de ſes agreables qualitez.   Tout beau Monſieur, repliqua Madame d'Auteüil, vous faites le jaloux & vous voulez me faire valoir juſques à vôtre chagrin; je ſerois fâchée que vous ſentiſſiez la peine dont vous affectez de me donner des marques, & vous étes trop galant homme pour ne par trouver bon que j'uſe de mon eſtime en liberté. Si je m'imaginois neanmoins pourſuivit-elle, que vous me ſoupçonnaſſiez de n'être pas tout à fait ſincere à vôtre égard, il me ſeroit aiſé de vous perſuader que celuy de qui nous venons de parler, ne joüit pas dès utilitez qui ſe pourroient rencontrer dans la conſideration d'une femme qui paſſe pour avoir du bien, je vous aſſure qu'il n'eſt pas heureux: il l'eſt beaucoup, repartit Belalhis, de ce que vous penſez qu'il ne l'eſt pas aſſez. Vous ſçaurez un jour ſon veritable état, reprit Madame d'Auteüil,

c'eſt une des vertus de ce pauvre garçon, de ne pouvoir s'accommoder des
ſentimens qui ménent aux richeſſes.
Achevez Madame, repliqua Belalhis,
meſurez vôtre tendreſſe ſur ſa pauvreté : il eſt des femmes ! aſſes redou-
tables, pourſuivit promptement Madame d'Auteüil, pour que vous avi-
ſiez bien à ce que vous direz, & il y
en a d'aſſés genereuſes pour faire honneur aux gens de merite deſtituez des
biens de la fortune, je ne me prens
point à eux s'ils ont été privez de ce
qui leur appartenoit naturellement
par des accidens dont ils ne ſont point
cauſe, & je les reſpecte toûjours,
quand par la bonne education qu'ils
ont euë, ils reſiſtent aux baſſeſſes ſans
leſquelles il eſt mal-aiſé de ſe reconci-
lier avec cette fortune.

Madame d'Auteüil feignoit d'être
piquée de ce qu'avoit dit Belalhis,
plûtôt pour luy faire penſer qu'elle
étoit ſenſible à ce qui venoit de ſa part
que parce qu'elle eût aucun veritable
reſſentiment ; elle avoit une eſtime de

E iiij

diſtinction particuliere pour luy, puiſqu'elle ſe propoſoit de l'épouſer, & elle ſçavoit auſſi-bien que ſon amant
agiter l'imagination à qui elle entre-
prenoit de donner de l'exercice. Dalibal croyant s'appercevoir, que d'un
& d'autre côté il y avoit plus d'adreſſe
que de dépit : vous pouſſeriez encore
plus loin vôtre jalouſie, dit-il à Belathis,
qu'elle ne vous avanceroit pas plus
auprés de Madame que vous l'êtes.
Laiſons-le là ſans luy répondre d'a-
vantage, reprit Madame d'Auteüil,
& tirez nous de la peine où vous
nous avez mis pour ce pauvre garçon
que vous trouvâtes preſque mort.

Continuation de l'Histoire de Dalibal.

JE ne ſçaurois y penſer, pourſuivit Dalibal, aprés que toute la compagnie ſe fût aſſiſe au tour de luy, que
je ne tremble de l'état où je le trouvay;
il étoit environné de la mer, dont les
vagues, quand elles étoient fort e-

muës, s'élançoient dix piques plus haut que l'endroit où il s'étoit sauvé, exposé aux monstres qui y courent, & voisin de ceux de l'Affrique, qui pouvoient y passer à la nage quand il faisoit calme : & là le plus horrible qui soit en la nature l'avoit déja plus qu'à demy défait, c'est la mort qui le serroit de si prés, que pendant les premiers momens que je le vis, il ne me parut guéres moins insensible que le rocher sur lequel il étoit étendu.

Aprés avoir fait lever ce corps sans y appercevoir de mouvement, je m'avisai de luy répandre de l'eau dans les mains & sur le visage, pour renvoyer les esprits, s'il y en avoit encore, & y fortifier le centre de la vie. Je luy fis ensuite deserrer les dents pour y faire passer trois gouttes d'une essence admirable qu'un Marabou ou Sacrificateur Africain m'avoit donné. Si-tôt qu'elle eut touché sa langue il sembla resusciter, la force de parler luy revint : mais ses yeux s'étant ouverts & promenez sur nous, il les re-

E v

ferma , s'écriant qu'il ne retrouvoit point ce qu'il avoit perdu ; je pensay qu'il se plaignoit du tort que son naufrage avoit fait à sa fortune ; je luy dis qu'il étoit jeune , qu'il devoit prendre courage & esperer du tems.

Je le fis aprés mettre sur son seant , & l'obligeai de boire un peu de vin d'Espagne , ce que je fortifiai d'une cuisse de Puitade rôtie , que je fis apporter de ma chaloupe où j'avois des vivres : enfin l'ayant vû hors d'état de retomber en foiblesse , je le priai de m'apprendre par quel acccident il étoit en ce lieu.

Il me répondit qu'il avoit peri allant d'un des vaïsseaux de vôtre escadre à terre ; que tous ceux qui étoient embarquez dans la chaloupe qui les y portoit , étoient noyez , ou avoient couru risque de l'être : que pour luy la vague l'avoit jetté sur une barrique qui l'avoit soutenu jusqu'au pied du rocher , & qui étoit demeurée sur des pointes de pierre qui avoient paru aprés le reflux. Cette barrique , con-

tinüa-t'il, étoit aparemment le maga-
fin des provifions de quelques matelots qui devoient coucher à terre , &
garder la fontaine où l'on faifoit aiguade, j'en tirai des bifcuits & une bouteille d'eau de vie que j'apportai fur
cette roche , & que je fauvai du flux
qui emmena depuis la barrique.

Il me fit voir un trou où il y avoit
de l'eau douce que les pluyes & les
rofées y entretenoient, & quelques
petits œufs de certains oifeaux qui
aprés avoir pêché le long du rivage ,
perchoient fur ces roches & les y laif-
foient. Il me dit qu'il en avoit vécu
depuis que fon bifcuit étoit confom-
mé : mais qu'il les trouvoit d'un goût fi
bijarre , qu'il avoit refolu de ne plus
foûtenir une vie qui ne luy feroit jamais qu'ennuyeufe avec un metz pour
lequel il avoit tant de repugnance.

Je m'efforçai de luy faire prendre
des fentimens moins triftes : mais il a
toûjours remoigné une douleur fi profonde, qu'il ne m'a pas été poffible de
l'en tirer ni pendant le fejour qu'il fit à

nôtre habitation du Senégal où je le menai, ni durant le trajet que nous fîmes enfemble du Sénégal en France.

Le vaiffeau que vous aviez vû à l'anchre, lorfque vous y paffâtes, avoit été aprêté pour le retour, nous n'oubliâmes rien dans nôtre cours de ce qui peut contribuer au divertiffement dans l'efpace d'un navire, la bonne chere, les jeux, les canonades, & tout ce qui rend un tel voyage moins ennuyeux, y fut fouvent employé; nôtre expedition pouvoit bien porter quelque dépenfe extraordinaire : car il n'y avoit jamais eu tant de poudre d'or fur un bâtiment revenant de ce lieu, qu'il y en avoit dans celui-là.

On trouve cette poudre d'or mêlée avec le fable du fleuve, on l'eftime entraînée des mines par où fes eaux paffent; quelques-uns lui donnent une autre origine, dont je vous entretiendrai en finiffant ce recit. Enfin les relations curieufes de quelques voyageurs, qui revenoient avec nous, & qui avoient penetré bien avant dans l'Afrique, les converfations de quelques Naturaliftes fur ce qu'ils avoient experimentez, ni les paffetemps dont nous accompagnâmes nôtre courfe, ne diminuërent rien de la mélancholie de ce jeune homme. Vous fouvenez-vous affez de la maniere dont il étoit fait, dit Belathis, pour me le reprefenter, afin que fi je le reconnois pour avoir été de nôtre embarquement dont je fçavois affez bien le détail, je puiffe voir s'il méritoit le foin que vous avez eu de luy. Je l'ai cru ainfi, dit Dalibal, & c'eft pourquoi je me fuis fait un plaifir de vous en parler.

Figurez-vous, continua Dalibal, un garçon de dix-neuf à vingt ans, dont la taille étoit agreable & de hauteur médiocre ; fon teint parut blanc, aprés quelques jours d'abri : car pour en bien juger, il fallut que le voile fût effacé, dont le Soleil d'Afrique avoit offufqué fon vifage pendant qu'il demeura expofé fur le rocher, fes cheveux étoient blonds-cendrez,

ſes yeux bleus & vifs , ſon nez bien
fait , ſon front élevé , ſa bouche un
peu gradne : mais meublée de belles
dents , & ſa phiſionomie tout-à-fait
hors du commun; il n'en partoit pas
un mouvement qui ne donnât des im-
patiences d'apprendre ce qu'il avoit
penſé.

Que vous me donnez de joye , dit
Belathis ; c'eſt Duchaſteau que vous
avez ſauvé , voilà ſon air & ſon viſage;
ſa triſteſſe étoit particulierement cau-
ſée par la perte d'un intime ami qu'il
avoit dans cet eſcadre,& qui fut auſſi-
bien que lui du nombre de ceux qui
nous manquerent. Ils étoient volon-
taires , & devoient avoir de l'employ
l'un & l'autre aux premieres promo-
tions qui ſe ſeroient faites aux Indes.
Ne l'avez-vous point oüi parler ? il ſe
nommoit du Potuy.

Pardonnez-moy , repliqua Dalibal,
il nous preſſoit même ſouvent d'ouvrir quelques dépêches que nous por-
tions en France ; il eſpereroit trouver
le recit de ſon naufrage dans les let-

tres que vous écriviez , & dont vous nous aviez chargez à Rufifc , & fça- voir fi du Potuy avoit peri , ou s'il é- toit fauvé , mais nous le priâmes de donner treve à fa curiofité , & dattendre à fe fatisfaire que nous fuffions arrivez.

Duchafteau donc , pourfuivit Dali- bal , puifque comme vous le voyez , c'étoit effectivement lui, quoique vous ayez été trompé en quelque chofe de ce qui le regarde , & qu'il ne fût pas tout - à - fait l'homme que vous penfez. Il m'eft tombé dans l'efprit , interrompit Madame d'Auteüil , lors que vous avez fait fon portrait , aprés nous avoir fait connoître fa douleur , que ce prétendu Duchafteau eft une amante qui a fuivi fon amant dans fes voyages; l'attache n'eft pas fi forte que celle-cy nous paroît entre les per- fonnes du même fexe , & nous fom- mes dans un temps où les grandes paf- fions font faire autant de chemin du moins aux femmes qu'aux hommes. Je fouhaiterois avoir encore un exem-

ple icy avec celui de Madame de Manille, il me ſerviroit à faire taire des
gens qui ne nous eſtiment pas aſſez
capables de reſolution & d'entrepri-
ſe, & qui me l'ont quelquefois même
ſoûtenu.

Ah! Madame, repliqua Belathis,
qu'elle regardoit en faiſant ce repro-
che, ſouhaitez quelqu'autre choſe en
faveur de vôtre ſexe; je puis vous aſ-
ſûrer qu'il n'eſt pas poſſible que Duchaſteau en ſoit. Mais parce que vous
avez une heroïne en la perſonne de
Madame de Manille, qui par une fi-
delité ſans égale a ſuivi ce qu'elle ai-
moit juſqu'au bout du monde, vous
voudriez quil s'en trouvât dans toutes les aventures que vous entendez
raconter; vous êtes extremement ani-
mé de cet exemple, & peut-eſtre que
ſi ce fantaſque, continua-t-il montrant le Joüeur de Tric-trac dont elle avoit parlé avec éloge, ſortoit maintenant de vôtre ſalon pour aller promener ſes caprices bien loin, vous ne
l'abandonneriez pas, tant vous eſtes

émûë en faveur des grands coups d'amour & de conſtance. Voilà vô-tre procés recommencé, dit Dalibal ; vous prenez plaiſir à ces petites con-teſtations, ſi vous voulez m'entendre vous ſçaurez bien-tôt quel eſt Ducha-ſteau : ne faiſons ni bruit ni querelle à ces Meſſieurs qui joüent paiſible-ment, & ne ſongent point à nous.

Monſieur de Belathis, pourſuivit Madame d'Auteüil, ne nous inter-rompez pas ; quand Monſieur aura fini ſon hiſtoire que la compagnie le prie de continuer, je vous informeray de bien des choſes que vous ne ſça-vez pas, & particulierement qu'il faut eſtre ami de nos amis, ſans quoi il n'y a guéres moyen de s'accommoder avec eux.

Suite de l'Hiſtoire de Dalibal.

DUchaſteau donc, continua Dali-bal d'un ton qui demandoit que ce different ceſſât, étant à Dieppe avec nous, me pria de lui preſter un jeune

homme qui m'accompagnoit ; c'étoit
le mesme soldat que javois envoyé le
chercher entre les roches du cap vert,
je le ramenois en France , parce qu'il
s'étoit attaché à moi , de sorte que j'a-
vois plus d'égard pour lui que pour aucun autre soldat. Duchasteau lui donna quelques dépêches pour le côté
de Paris ; dix jours aprés non - seulement il en apporta réponse : mais il
vint en carrosse avec une femme de
fort bonne mine , âgée d'environ tren-
te-six ans : c'étoit à elle que Duchasteau avoit écrit. Si leur entrevûë fut
tendre comme celle d'une mere &
d'un fils qui croyoient peut - estre ne
se revoir jamais , je m'apperçûs que la
mere n'étoit pas sans douleur dans la
joye de retrouver son fils , & que ce
fils avoit beaucoup de confusion de
paroître devant sa mere. Elle voulut
me payer son passage ; je ne pûs me
dispenser de recevoir d'elle une ba-
gue que je porte encore : c'est cette
Emeraude en table que voilà , leur
dit-il , la montrant à son doigt , il s'est

depuis passé plusieurs années, sans que j'aïe sçû ce que Duchasteau est devenu, je n'ay pas mesme eu le temps ni l'occasion dem'en bien informes ; divers voïages & embarras d'affaires m'ont empesché de prendre ces sortes de soins : il y a environ dix-huit mois que m'étant mis sur le chemin de Metz, je marchois seul au sortir de Paris, parce que j'avois fait prendre la traverse à mes valets qui revenoient de Lyon, & piquois assez vite, lorsqu'un homme moins bien monté que je n'étois, & que j'allois devancer, s'étant tourné pour me regarder, me salua, me nommant son Capitaine.

Je connus incontinent ce Cavalier pour le Soldat que j'avois autrefois presté à Duchasteau, & à qui j'avois donné congé depuis ; il me rendit compte de sa condition presente, & me dit ensuite : vous avancez, Monsieur, vers le lieu de la naissance du jeune voyageur à qui vous avez sauvé la vie au Cap vert, il la conserve encore : mais il est bien different de ce

qu'il vous a paru ; & ſi vous vous ſou-
venez de l'avoir conſideré comme un
fort aimable garçon , attendez-vous à
trouver la plus ſpirituelle & la plus
vertueuſe femme de ſa province. Bon,
dit Belalhis en riant , nôtre ami veut
plaire à Madame d'Auteüil. Cette invention les divertit l'un & l'autre ;
c'eſt un peu à mes dépens : mais je ne
m'en dois pas plaindre , puiſque ce jeu
leur eſt âgreable. Ce n'eſt point un
compte fait à plaiſir , répondit Dalibal , je vous jure que c'eſt une verité
dont je fus tellemment ſurpris alors,
que je marchai plus de deux lieuës,
ſans repliquer à ce Soldat. Beaucoup
de circonſtances me défendoient de le
croire , & je ne me rendis qu'à l'extremité , & lorſque par mille particularitez , il me contraignit de n'en plus dou-
ter.

Quoy, s'écria Belathis, Duchaſteau
n'eſt pas un des plus adroits garçons de
France? ne ſçait il pas la marine parfaitement ? je l'ai vû conduire la cingle
d'un vaiſſeau comme un nautonnier,

consommé & raisonner sur la manœu-
vre & sur le pilotage, aussi bien qu'auroient pû faire le Chevalier Paul, du
Quesne, Gabaret & Pointis; si Duchâteau n'est pas un homme, c'est un Ange:
non, reprit Dalibal, c'est une femme.

Madame d'Auteüil repeta haute-
ment regardant Belalhis d'un air vi-
ctorieux, c'est une femme. Belathis
repliqua qu'il verroit cette femme
avant de bien croire ce qu'il enten-
doit, & pria Dalibal de ne le
pas faire languir pour le reste de
son histoire ; mais ils avoient fait
tant de bruit, que les Joüeurs s'en
trouverent interrompus, ceux du pic-
quet s'étoient déja retirez, la partie du
tric-trac finit presque en mesme tems
par un ambzas qui fut cause d'une en-
filade, & ceux qui la joüoient partirent
pour aller chez eux.

Belathis examinant de quel œil Madame d'Auteuil voyoit la sortie de celui qu'il appelloit son Fantasque : Hé
quoy, Madame, lui dit-il, quand il
eut passé la porte, ce Monsieur cou-

che-t-il bien loin ? oüy, lui répondit-
elle en criant, quoiqu'il y ait toûjours
un lit icy pour luy quand il luy plaira
d'y rester. Belathis haussa les épaules,
& témoigna par quelques gestes qu'il
falloit trouver bon tout ce qui étoit a-
greable à Madame d'Auteüil.

Douze heures sonnerent à l'horloge
de la Paroisse, & un moment aprés à
la pendule du salon, il fut parlé de finir la journée : Belathis prioit Dalibal
de continuer son histoire : mais Madame d'Auteüil répondit qu'il falloit se
passer du plaisir de l'entendre jusqu'au
lendemain, & que Monsieur de Belathis étoit un homme à mortifier pour
le rendre plus raisonnable.

On servit le media-noche qui re-
tint encore une heure la compagnie à
table, aprés quoy Madame Drubar
chanta d'une maniere à ravir tous ceux
qui l'écoutoient, particulierement Mirabel qui en étoit passionné, & qui luy
faisoit sa cour avec bien plus de complaisance & de soûmission que Belathis
ne faisoit la sienne à Madame d'Au-

teüil , quoyque l'un & l'autre fuſſent des plus galans hommes du temps : differens en leurs manieres de ſe faire aimer. Mademoiſelle de Vilenor qui ne pouvoit entendre chanter que le cœur ne luy ſautât, danſe le menuët & une ſarabande d'une grace à charmer tout le monde. Madame de Manille avoit avec elle une fille Chinoiſe à qui elle commanda de danſer à la mode de ſon pays, elle le fit avec beaucoup de ſoupleſſe. Aprés quoy les Dames dirent qu'il étoit temps de quitter : Madame d'Auteüil les mena dans les apparte- mens qu'elle leur avoit deſtinez ; elle revint aprés montrer aux hommes les chambres qui leur avoient été prepa- rées , dont les portes rendoient dans le ſalon.

LE SUBTIL.

SI-tôt que Madame d'Auteüil fut ſortie du quartier qu'elle laiſſoit aux hommes, ils rentrerent dans le ſa- lon, & aprés s'être fait préparer du thé, ils ordonnerent à leurs gens de ſe reti- rer pour demeurer entierement libres;

alors Belathis faisant encore beaucoup
d'embraffades & de careffes à Dalibal,
& lui difant que ceux qui s'étoient vûs
en des pays auffi éloignez que ceux où
ils s'étoient rencontrez, avoient rarement le bonheur de fe retrouver, il lui
offrit tout ce qui étoit en fon pouvoir
pour le foulager dans le chagrin qu'il
leur avoit marqué, & le pria de n'épargner point fa bourfe.

Cependant, continua Belathis, vous
n'avez pas l'efprit tellement occupé du
malheur de votre jeu, que vous n'ayez
l'inventiõ de faire des hiftoires à plaifir,
& celles de ce pauvre Duchâteau que
vous traveftiffez en femme pour accor-
der à Madame d'Auteuil que fon fexe
n'eft pas moins capable d'entreprife
que le nôtre, me fait croire que vôtre
complaifance pour les Dames vous
doit rendre dangereux pour les maris.

Dalibal protefta que les chofes é-
toient arrivées comme il les avoit dites, & que la fuite de ce qu'il avoit à
rapporter, perfuaderoit qu'il avoit agi
fans deffein. Si je n'apprehendois, répondit

pondit Belathis, de vous donner la
peine de faire ce recit plusieurs fois,
je vous en conjurerois presentement :
mais puisque vous le devez à la compagnie pour demain, j'attendrai le plus
patiemment que je pourrai que l'heure en soit venuë.

Faites-nous une grace cependant,
poursuivit Belathis, nous serions bien
aises Monsieur de Mirabel & moi, de
sçavoir ce que vous entendez par cette
science de cartes & de dez dont vous
nous avez parlé au Palais Royal. Ap-
prenez-nous si l'on peut quelquefois
jouer à jeu sûr, cela n'est pas toûjours
inutile aux gens du monde ; & si vous
le pouvez, donnez-nous une idée qui
nous serve : nous voici dans un lieu
propre à nous le montrer, les cartes
& les dez que ces Messieurs qui
jouoient tantôt y ont laissé, nous aide-
ront à comprendre ce que vous vou-
drez bien nous en reveler. Vous me
ferez aussi un plaisir singulier, ajoûta
Mirabel, & ils prirent des sieges pour
l'écouter plus attentivement. Ceci est

un peu delicat, repliqua Dalibal ; mais aprés que je vous aurai protesté que je n'ai jamais tiré aucun avantage du jeu par voye indirecte, je vous conterai tout ce que j'en sçai : au moins, Messieurs, sans consequence, s'il vous plaît, car enore un coup, jamais je n'en ai profité que pour me défendre.

Avant de m'embarquer . continua-t'il, à suivre le jeu tout de bon, comme je vous ai dit, je consultai les adroits dont je pus avoir connoissance, pour en sçavoir le fin qu'ils ne font pas beaucoup de difficulté de découvrir à ceux contre qui ils jugent qu'il n'y a rien à gagner par là, & qui leur font quelque petit plaisir d'ailleurs. Je m'appliquai en même temps à concevoir parfaitement le fonds des jeux : j'ai si bien étudié l'un & l'autre, que la force du dez me saute aux yeux dés le second coup de cornet : j'ay une prescience immanquable pour toutes les manieres de chanses qui peuvent venir : je connois un bouton entre vingt autres dez, & d'un coup d'œil je m'apperçois s'il y

en a d'ingenieux & de mal coupez : je
voy à la disposition du corps d'un
Joüeur, à la situation de son bras &
à l'étenduë de sa main, s'il se propose
de faire un changement.

En cartes, j'ay une merveilleuse memoire de la suitte ; je sçay decouvrir
si l'on file : il y a des joüeurs qui les
glissent si adroitement, que la vûë n'est
presque pas capable de l'appercevoir ;
mais j'ay compris que ce qui échape
aux yeux, se recouvre par l'ouye, &
que les cartes ainsi tirées ne peuvent
manquer de faire un petit siflement
qui saute à l'oreille, c'est pourquoi je
la tiens toûjours preparée, particulierement sur les cartes fines, parceque
ce sont elles qui font le moins de bruit.

Je sçay qu'on peut changer le talon,
prendre & repporter à l'écart, faire
le pont, tocquer les cartes, remettre
la couppe dessus, avoir un as ou deux
assurez par la touche de l'ancre de la
Chine, faire la reserve, composer l'as-
semblage, connoître le jeu de celuy
contre qui l'on joüe, par l'inegalité des

certes en longueur & en largeur ; &
par le secours de certains personnages
qui en font signe des pieds, des mains
ou de quelques autres gestes.

C'est par leur ministere que beaucoup d'honnêtes gens mal precaution-
nez ont perdu leur argent, ils les prennent quelquefois sur leur bonne mine,
pour leur servir de conseil dans les
Accademies où ils frequentent ; ils y
sont tres dangereux : mais bien plus
encore chez des traiteurs, & dans des
maisons d'affidez où ils les attirent :
c'est aussi là qu'est la commodité toute entiere de donner le coup d'esqui-
pot : c'est le coup des coups ; il n'y a
guéres de paris de consequence, pour
les jeux qui se joüent aux cartes, car
il se peut faire à tous, qui ne soit pre-
paré dans une machine à qui on donne ce nom : elle est liée sur le genoüil
d'un joüeur, & porte à une de ses
mains les cartes accommodées dont
il donne, pendant que de l'autre ils
laisse tomber celles qui viennent d'ê-
tre coupées ; de sorte que celuy qui

fait, non feulement a tout ce qui luy
eft propre, mais encore il fçait tout ce
qui entre à celuy contre qui il joüe.

Si le jeu eft de durée, un fidele af-
focié de cette infigne tromperie, re-
met d'autres cartes dans la machine,
à mefure qu'il en eft befoin, & prend
foin de recuëillir par deffous celles que
laiffe tomber celuy qu'il feconde, qui
ne vont que fur fon manteau, ou fur
fa culote; ainfi il ne paroît rien qui
donne foupçon aprés le jeu fait : C'eft
de là que font fortis ces coups mor-
rels de triomphe, de Berlan & de
Baffette, & c'eft par là qu'avec carte
blanche d'abord & une quatriéme
baffe qui s'alonge en fixiéme par un
Valet & une Dame qui font dans le
fond du talon, on ruine un joüeur
de Piquet, qui avec quinte major &
quatorze d'as, avant de prendre,
croyoit avoir gaigné.

Je fuis auffi, graces au Ciel, hors
de rifque de fuccomber à la tentation, & il n'y a point d'apparente in-
genuité qui puiffe m'engager en de

mauvaises parties : bien des gens qui
se flatent de quelques talens d'ailleurs,
s'imaginent souvent qu'on ne les peut
dupper , & dans cette confiance s'exposent à tous venans : mais qu'ils se
tiennent sur la precaution , s'ils ne font
extremement instruits de tout ce qui
se peut faire au jeu, & des feintes dont
les adroits se servent : sans cela on
n'échape point à ceux qui le font ve-
ritablement. Quand ils ont jetté leur
plomb sur quelqu'un, de quelque caractere qu'il soit , il faut qu'il succom-
be s'il ne les fuit : ils trouvent mieux
le foible de celuy qu'ils investissent ,
que les Ingenieurs les plus subtils
ne découvrent celuy d'une place affie-
gée : ils disposent leurs machines conformement à la situation des personnages qu'ils veulent emporter. Ils se servent d'une maniere pour le prude &
le reservé , d'une autre pour le gene-
reux & le brillant ; ils sçavent ce qui
convient au Magistrat , à l'Officier de
guerre , au Beneficier , au Financier
& au Banquier : ils ont des mesures

& des contre-poids qui ne manquent
guéres de faire sonner l'heure qu'ils
cherchent auprés de toutes sortes de
gens : enfin il se fait de ces tours avec
une si fine premeditation, & une conduite telle , que si elles étoient em-
ployées en des bonnes affaires , elles
meriteroient beaucoup d'aplaudisse-
ment, & les plus fameux traits de politique qui duppent les Cours étrangeres ne sont pas mieux concertez.
Il est même de ces adroits qui ont des
mouvemens si heureux, que quelque
fois quand toutes leurs ruses sont à
bout, une impetuosité qu'ils recom-
mandent à la fortune, qui a coûtume
de les favoriser, les fait reüssir ; & pour
peu qu'ils voyent d'apparence, ils pro-
firent merveilleusement bien de l'occasion.

Un de ces sortes de Heros , fait à
charmer , richement vêtu en habit
de campagne , & qui assaisonnoit sa
bonne mine des manieres les plus honnêtes , fit un jour arrêter sa chaise à
la porte d'un Banquier de Paris , hom-

me connu pour être plein de prudo-
mie & de precaution. J'arrive de Lion
tout-à-l'heure, luy dit ce galant homme en l'abordant d'un air doux & de
qualité ; voilà une lettre de change de
vôtre correspondant, payable a vûë :
me ferez vous l'amitié de m'en con-
ter la valeur. Le Banquier qui avoit
lettre d'avis , voyant celle cy avec
toutes les circonstances qu'il y pouvoit desirer , compte six cens écus qui
étoient le prix du billet , & cela en especes les plus propres du temps.

Une autre grace, Monsieur , je vous
supplie , dit ce Cavalier voyant son
compte sur la table , gardez-moy cet
argent : le Banquier luy répond que
ce seroit volontiers , & se met en devoir de luy en donner sa reconnois-
sance ; qui moy, prendre des billets
d'assurance de vous , réprit le Cavalier, non non , il n'est pas necessaire :
il tira seulement vingt pistoles dont il
dit avoir besoin pour aller chez le
Baigneur , & remonta dans sa chaise.

Cinq jours aprés il repasse chez le

Banquier, & luy met en main un autre billet de change; je vous prie, luy
dit-il en luy ferrant la main, d'être le
conservateur de mon petit comptant;
vous en payerez les parties de ceux
qui vous les apporteront fignées de
moy, comme d'un tailleur, d'un car-
roffier & d'autres.

Il ne manqua pas d'envoyer des perfonnages propres à retirer ce qu'il
avoit à luy, & de temps en temps ren-
doit vifite au Banquier: il luy faifoit
des excufes fi honnêtes des peines
qu'il prenoit, qu'il en étoit confus.

Enfin la valeur de ces deux lettres
de change étant delivrée, le Cavalier
fortoit un jour d'avec le Banquier,
aprés de grands remercimens. Il
n'avoit jufques là pû imaginer aucun
moyen capable de l'engager au jeu,
comme il en avoit le deffein : il l'avoit
examiné attentivement à plufieurs re-
prifes, & n'efperoit prefque plus en
fon induftrie, lors que fon genie luy
fuggera une boutade qui étoit fans
doute d'une invention épuifée.

F v

Aprés avoir repouſſé civilement le Banquier qui le reconduiſoit, en le conjurant de ne ſe point donner cette peine, il s'arrêta, & feignant admirer la propreté d'un habit gris-blanc dont il étoit vêtu : Rien n'eſt mieux entendu que cet aſſortiment, lui dit-il, & je n'ai pas vû de gex plus noir que le verre de vos boutons. C'eſt du gex aſſurement, lui dit le Banquier. J'en ai vû beaucoup de cette ſorte, repliqua le Cavalier, qu'on auroit fait paſſer pour du gex à ceux qui ne s'y connoiſſent pas ; mais je ſçay que ce n'eſt que du verre. Quoique ce ſoit du gex, repartit le banquier, c'eſt peu de choſe, & ces boutons ne valent pas l'honneur que vous leur faites de les examiner. S'il ſont de gex, reprit le Cavalier, il faut que mon ignorance me coûte 4. loüis; je les parie que ce n'eſt que du verre : mais je ſuis ſeur de gagner, & je vous régalerai des vôtre chez Lamy, où je vous convie à dîner. Il retourne, jette quatre piſtoles ſur le comptoir du Banquier, qui trouvoit bien du plaiſir

dans cette maniere franche & familiere ; il casse un de ces boutons avec un
marteau, le regarde dedans, & dit
avec étonnement, c'est du gex, j'ay
perdu.

Il part en même temps pour s'en aller, le Banquier court aprés & le retient : Quoi, Monsieur, lui dit-il, ne
vous souvient-il pas de ce que vous deviez faire des quatre Loüis que vous
vous promettiez de gagner, souffrez
que ceux que vous avez perdus
prennent leur place chez le Traiteur ;
car assurement je ne les metrai point
en bourse. Ah, Monsieur, répond le
Perdant, cette loi n'est pas pour vous :
plus il resiste, & plus le Banquier se
pique d'honneur ; & il le presse si bien,
qu'ils vont chez le Traiteur, avec chacun un de leurs amis qu'ils envoyent
chercher.

Pendant que l'on apprête le repas,
le Cavalier galant en tout, tirant son
mouchoir, fait tomber de sa poche
un pacquet de cachets d'or & d'aga-
the. Le Banquier se baisse pour le ra-

F vj

maſſer ; les uns étoient gravez de chiffres fort agreables , & il y avoit des deviſes ſur les autres. Le Banquier aſſez curieux les examine & les explique : le Cavalier donne des éloges à ſon diſcernement , & lui demande lequel il trouvoit le plus à ſon gré : il lui en montre un : il eſt incontinent prié de l'accepter ; il le refuſe : l'autre le preſſant ; combien le priſez-vous donc, dit-il , que vous en faites façon comme de choſe de conſequence ? deux piſtoles , répondit le Banquier. Il n'en vaut qu'une , repliqua le Cavalier ; il faut que vous l'ayez , & puiſque vous ne voulez pas que je vous le donne , je vous le jouë en un cent de piquet ſans plus , car je ne jouë jamais.

Le Banquier crut que celui qui vouloit donne ce cachet de ſi bonne grace , ſe le laiſſeroit perdre , & qu'il l'auroit ſans lui être obligé. Il ne ſe trompa pas , il le gagna ; & comme on ne ſervoit pas encore , le Cavalier demanda à continuer pour s'amuſer, & perdit encore trois piſtoles en trois autres parties. Le dîner étant venu, ils se mirent à boire & à se divertir si agreablement, que le Banquier & son ami eurent pendant ce repas des plaisirs qu'ils n'avoient jamais goûtez : ils ne se pouvoient lasser de donner des éloges à la belle humeur & à l'enjouëment des deux autres.

A la fin du dessert, le Cavalier qui avoit perdu les trois pistoles dit qu'il faut qu'il double sa perte ou qu'il la regagne. Les deux Banquiers qui étoient des plus défians hommes du monde, & qui avoient toûjours été sur le qui vive, alors ne songerent pas seulement qu'on pût entrer en soupçon contre ceux avec qui ils venoient de boire : il s'étoit fait un entretien si si propre à leurs fins, qu'il auroit chassé le demon de la défiance du corps de ces Banquiers, s'ils en avoient été possedez ; & bien loin qu'il leur vînt aucune mauvaise pensée, jamais deux bons Bourgeois n'ont crû être plus assûrez d'avoir à faire à deux honnêtes Gentilshommes.

Les Banquiers acceptent le party de jouër à la triomphe deux contre deux : Les Cavaliers gagnent & perdent en difant les plus jolies chofes du monde : ce jeu eft une veritable & tres divertiffante Comedie, jufqu'à ce que le coup d'efquipot eft donné. Les Banquiers tiennent leur jeu fûr ; les autres font comme s'ils efperoient gagner ce coup : il fe propofe un pary en riant, qui petit d'abord, fe groffit avec quelque chaleur, & aprés beaucoup de mines & de feintes, monte jufqu'à cinq cens piftoles. Les Cavaliers les mettent fur la table partie en or, partie en diamans, & les Banquiers ayant donné toutes les façons requifes à un bon billet de change pour fupplémment à ce qu'ils avoient de comptant fur eux, perdent & font duppez.

Ils demeurent étonnez, & ils héfitent même fur le parti qu'ils prendront mais l'apprehenfion que leur crédit ne diminuë, s'ils font éclater qu'ils fe commettent en de telles occafions ;

& leurs reflexions fur le mérite de ceux contre qui ils ont pevdu , leur font paffer doucement cette avanture.

Voilà un petit échantillon , pourfuivit Dalibal , des moyens engageans que ces adroits mettent en pratique pour lier des parties. Ce n'eft pas le métier d'une bête, dit Mirabel ; il faut être extremement concerté pour le conduire à bonne fin. Ce coup d'efquipot eft fort dangereux , reprit Belathis ; ceux qui le peuvent donner, ne manquent pas de gagner. Pardonnezmoy , repliqua Dalibal , & tel croit quelquefois tenir fa duppe qui eft bien étonné de l'être lui-même ; il penfe avoir fait un beau coup pour lui , qui l'eft pour un autre , ceft ce que je vis il y quelque temps.

J'entrai, pourfuivit-il, dans une Académie pour me mettre à couvert de la pluye ; il y avoit cinq ou fix tables dans une falle , & environ trente hommes de tous états. Un d'entr'eux demanda negligemment , fi quelqu'un vouloit joüer un loüis en deux cens de piquet , en attendant qu'il ceſſât de pleuvoir. Un Gentilhomme, tres-beau Joüeur & point du tout dupe , taupe à la propoſition : il gagne le premier cent, & prend ſoixante-ſix points ſur le ſecond , que l'autre n'étoit guéres avancé ; & ſe voyant avec quatre as & une quinte major , dit , qu'il a gagné : celui qui avoit fait le défi , témoigne qu'il eſt bien aiſe de joüer juſqu'à la fin ; & aprés avoir bien conté & examiné ſes cartes , veut parier une piſtole qu'il ne perd pas ce coup-là. Celui contre qui il joüoit la parie , & ceux qui les voyent jouer échauffent le pari.

Le beau jeu d'un côté & de l'autre, le coup de machine qui avoit été donné , font enfler ce pari juſqu'à ſoixante-dix piſtoles , & pendant qu'on s'agitoit beaucoup , celui qui ſe fondoit ſur ſon eſquipot avoit dit à l'autre d'écarter ſur blanche. Il s'y étoit diſpoſé : mais jugeant de la reſſource de ſon adverſaire , il obſerva le temps qu'il étoit occupé à répondre à ceux

de son parti, & separa le talon en deux
disant qu'il laissoit une carte. Personne ne sçavoit plus qu'elles étoient celles de dessus ou de dessous, de sorte
que sans qu'on s'en apperçût, il prit
celles qui devoient rester, & laissa sur le
tapis celles qu'il devoit prendre. Ce
Gentilhomme qui avoit de l'experience connut bien à qui il avoit affaire, &
que dans la blanche de celui contre
qui il joüoit se trouvoit une carte basse, à laquelle si l'on ajoûtoit une dame
& un valet qui étoient assûrément dessous, il se formeroit une sixiéme avec
cinquante-quatre de point qui valoient
mieux que les cinquante-un d'une
quinte major, & avec la blanche faisoient quatre-vingt-onze & la partie
gagnée, puisqu'il avoit déja quelque
point : ne pouvant parer ce coup par
toute la force de son jeu, il se conduisit avec la précaution qu'il faut avoir
en ces occasions, & rompit toutes les
mesures de ce filoux.

Vous pouvez juger si la surprise de
ce donneur de coup de machine fut

grande de ne point voir venir ce qu'il attendoit : mais le Gentilhomme qui lui avoit donné le change , étant fort brave , & se trouvant encore des gens de main de son côté , il obligea cette cabale à filer doux. C'est beaucoup d'effronterie de hazarder ces sortes de tours en lieu si public ; ils s'y font neanmoins quelquefois : mais bien plus souvent , comme ie vous disois , en des maisons particulieres.

C'est le fin du fin des joüeurs, de sçavoir se servir des avantages qu'on veut prendre sur eux , contre ceux mêmes qui les mettent en usage : c'est par-là que les dez faux & les cartes préparées font souvent gagner ceux à qui on les sert pour les faire perdre : mais il y a des gens trop subtils, pour qu'on puisse tourner leur finesse contre eux. Un adroit de cette sorte fait fabriquer des cartes & des dez dont il sçait le fort & la façon , en s'assurant de ceux qui en fournissent , ce qui est plus ordinaire qu'on ne s'imagine , puisqu'il y avoit un faiseur de dez à

un des faux-bourgs de Paris qui a gagné dix mille écus à en faire tenir en
quantité de Villes, fur les modeles
qu'on lui envoyoit. Il eft peu de coureurs de Provinces qui n'en ayent
quelque paquet de cette façon. Il ne
fe voit prefque point auffi de ces Chevaliers errans qui n'y ait des correfpon-
dans ; c'eft tantôt un habitant du même lieu, & tantôt un Soûfermier, ou
un principal Commis, qui joint à fes
autres talens, celui d'être partifan d'un
filoux ; ils informent le Coureur de l'é-
tat des bourfes ; ils fe donnent bien de
garde de témoigner qu'ils fe connoif-
fent, & neanmoins s'entendent par
tout & contre tous, de forte que les
amis, les affociez & les freres mêmes
font livrez par ces fortes de confi-
dens.

Tel Joüeur aura l'artifice de dénuër
de dez toute une grande Ville, comme
Nantes, Tours, Orleans, Dijon, &
même Lyon : il en fera vendre aprés
dont il fçait le fort par des colporteurs
& des merciers. En deux fois qu'un

homme qui m'a été nommé a fait ce tour, il a profité de cent mille francs, s'est fait recevoir à une charge assez considerable, & maintenant est un des plus honorez de la Ville où il a recüeilli ces avantages.

Enfin je sçai qu'il ne faut avoir aucune pensée au jeu, que celle de gagner, & d'éviter d'être trompez : que les parties sont tres-dangereuses chez certaines Dames dont la conduite paroît toute désinteressée, & qui par des airs ingenus aménent un Joüeur à une pleine confiance : elles ne manque pas, quand elles y sont parvenuës, de se servir de la facilité qu'elles trouvent, & de livrer ceux qui donnent dans ces piéges à des adroits de leur confidence avec qui elles partagent. Le trait d'un habil homme qui se rencontre dans ces sortes d'engagemens est de parier une fois seulement : mais à jeu sûr, parce que la plûpart des Joüeurs de préméditation s'exposent à perdre un pari, même de conséquence, pour voir apporter de l'ar-

gent, ce qu'ils appellent, le va querir :
ils se tiennent assûrez de l'emporter
d'un autre coup. Ce n'est pas que
quoique l'on parie à jeu sûr, on gagne infailliblement , car des adroits
tout-à-fait bien avisez , & qui se dé-
fient d'un coupe-cul , font trouver le
jeu faux & la partie nulle : ce qui ar-
rivant, il faut être dans une exacte précaution.

Mais helas ! ces sortes de gens prennent quelquefois ce qui est sur le jeu ,
sans le devoir même à leur addresse, ils
y emploïent la violence,& c'est ce que
je vous dirai une autre fois en vous ra-
contant l'avanture qui est arrivée à un
gros garçon , que presque tout Paris
connoît : mais pour aujourd'hui, c'est
assez , & vous voulez bien, Messieurs,
que je cesse de vous ennuyer de ces
petits contes.

Il n'y a pas demie heure que nous y
sommes , reprit Belathis ; prenons notre thé qui n'est pas trop chaud, (ils
en avoient fait aprêter par leurs valets , à qui ils avoient ordonné de-

puis de se retirer pour être entierement libres) & puis nous nous remet-
trons sur le chapitre du jeu ; puisque
nous avons commencé , il faut finir ,
& j'ai des questions à vous faire pour
notre instruction , ausquelles vous me
ferez plaisir de satisfaire. Vertu bleu ,
continua-t-il , que deviennent des in-
nocens comme nous , quand ils se
joüent à ces maisttres fourbes ? J'ai autrefois perdu mon argent & mon équipage sur le point de me mettre en route , je pourrois bien avoir été veillé
par quelqu'un qui ne m'a pas laissé
échapper : le temps passé ne reviendra
plus , car vous m'apprendrez tout ce
qu'on doit sçavoir pour m'en parer à
l'avenir.

Ah ! reprit Dalibal en soûpirant,
ce que je vous ai dit & tout ce que je
pourrai vous dire n'empêche pas que
je n'aye perdu le plus beau de mon
bien. Me voilà plus éveillé que je n'é-
tois , continua Mirabel , aprés avoir
pris une tasse de thé ; le thé vous fait
sans doute le même effet , nous ne

dormirons peut-être guéres cette nuit,
c'eſt ſelon ce que Monſieur Dalibal aura de charité pour nous, pourſuivit Belathis, plus il nous entretiendra, & plus
nous luy ſerons obligez; ces regles du
jeu ſont des leçons tres-utiles, & deſquelles nous avons beauoup d'envie
de profiter, de ſorte que le ſommeil
ne nous empêchera pas d'y donner
toute notre attention.

L'HYPOCRITE.

DAlibal témoignoit vouloir finir
la converſation: mais Belathis &
Mirabel qui ne s'eſtimoient pas ſuffi-
ſamment inſtruits dés ſecrets du jeu,
le prioient de la continuer, & Belathis prenant les dez qui étoient
dans le tric-trac, les apporta ſur
la table où étoient les cartes : mon-
trez-nous, s'il vous plaiſt, Monſieur, dit il à Dalibal en les lui preſen-

tant, de quelle maniere les habiles gens dont vous nous avez parlé, se servent de ces instrumens.

C'est une science, répondit Dalibal, dont je n'ai que la theorie, qui me tient dans la précaution ; couchons-nous, si vous me voulez croire, car vous ne pouvez pas avoir beaucoup de satisfaction avec moi sur ce sujet : je ne ferois pas cet exercice avec la dexterité de ceux qui en sçavent profiter. Nous serons contens, reprit Belathis, de ce que vous pourrez nous faire voir, rendez-nous seulement aussi sçavans que vous.

Je n'entends rien à l'execution, repliqua Dalibal ; il ne faut pas une petite habitude pour se rendre habile aux coups de mains. Tous ceux qui sont prévenus qu'ils se font, ne sont pas capables de les faire : mais il y a tant de gens qui se sont rompus les jointures & détournez les plis des bras & des doigts pour pouvoir se faire, ce qu'ils nomment des mains divines, & cette industrie s'est renduë si familiere dans

le

le commerce du jeu, qu'il n'y a point
d'endroit où l'on joüe, qu'il ne s'y
trouve une cabale de ces adroits ; &
de là, sauve qui peut.

Enfin, s'écria Mirabel, il faut donc
se retrancher aux jeux de justesse &
de disposition, la paume & le billard
ne sont pas sujets à ces sortes de ris-
ques : ils sont quelquefois tres-dan-
gereux, répondit Dalibal; tel cache son
jeu toute sa vie pour dupper ceux qui
joüent de bonne foy, & tel est longtems
vendu par un second en qui il a confiance.

Un homme de consideration dans
la robbe qui se plaisoit à la paume, a
été livré dix ans durant par un second,
du caractere dont je viens de parler,
dans une partie qu'ils recommen-
çoient trois fois la semaine, gagnant
le moins, perdant le plus : le sacrifice
s'est trouvé de deux cens mille écus ;
celui qui les a perdus est mort oberé ;
son second & ceux qui joüoient contre eux s'en sont accommodez : ainsi,
Messieurs, le gros jeu est toûjours dan-

G

gereux ; de quelque côté qu'on le prenne, on ne sçauroit y avoir trop de précaution.

Il se rend dans des endroits d'assemblées, comme aux foires & aux Etats, de ces maistres passez , qui mettent des filles de joye dans leurs parties pour aveugler les jeunes gens, & les ruinent aprés qu'ils les ont charmez par ces funestes appas : il va aussi des adroits dans des pelerinages & aux eaux ; ils y paroissent avec des airs dévots ou languissans, & y sont fortifiez du secours de quelques femmes qui n'y sont que pour le même dessein , & là sous pretexte de divertissement, ils ruinent de pauvres valetudinaires.

J'ai vû par tout de ces faux malades & de ces faux dévots , croiriez-vous, Messieurs, que le jeu fait tant de scelerats , qu'il se voit jusqu'à des Tuteurs qui donnent le penchant de joüer à leurs pupilles pour avoir occasion de les ruiner , quand ils entrent en majorité ; ce qu'on m'a dit être ar-

rivé au fils d'un fameux Medecin, &
que fon Tuteur par le miniftere d'un
autre filoux l'a dépoüillé de quarante
mille écus qu'il avoit de fucceffion,
qu'ils le firent aprés dans fon defef-
poir tomber entre les mains d'un Sergent de Dragons qui l'enrôlla , & à
quinze jours de-là l'engagea dans une
querelle où il fut tué , par où fut ôtée
du monde la prefence de celui qui
leur reprochoit leur premier crime.

O jeu funefte ! s'écria Mirabel, combien perds-tu d'hommes dans les malheurs que tu caufe, & combien defti-
tuez de leurs biens par-là , fe jettent
dãs le dernier defordre, & font détruits
comme des peftes publiques ; ceux
même qui gagnent en trompant, que
font-ils qu'un apprentiffage pour s'en-
hardir à voler effrontément , & celuy
qui eft acoûtumé à voler le bien d'au-
trui par ces manieres , ne s'en empa-
re-t-il pas par force, quand il ne peut
l'avoir par rufe.

C'eft , pourfuivit Dalibal , ce que
je vous difois tantôt , & qui eft arrivé

à ce gros garçon dont je vous par-
lois : mais je vous ai bien recité des
choſes qui ne ſont pas propres pour
vous ; il ne vous ſervira de rien de ſçavoir encore cet accident. Dites le nous
cependant , répondit Belathis : nous
avons des amis , ils ont des enfans ,
nous nous ſervirons de tout ce que
vous nous apprendrez pour les rendre
ſages.

Ce gros garçon , reprit Dalibal ,
puiſque vous voulez en ſçavoir l'avan-
re , ſe trouvoit de l'argent comptant ,
qu'à la verité il avoit aſſez mal acquis :
mais il évitoit tant qu'il pouvoit de le
perdre. Un jeune homme inſtruit par
deux Maiſtres filoux , entra ſi bien
dans ſes inclinations , qui étoient de
chanter de concert & de déclamer des
vers , que faiſant tout à ſon gré , il lui
donna ſa confiance entiere : ils ſe
promenoient ſouvent enſemble ;
& un jour ils furent joints par les deux
amis de ce jeune complaiſant. Un
moment aprés il paſſa un homme vê-
u en Laboureur, monté ſur un fort

beau cheval. Pour vous abreger, Messieurs, ce cheval fut marchandé, & le
Laboureur paroissant yvre, entra au cabaret pour laisser visiter sa monture
par ces deux amis de rencontre, il
but encore, & tirant un sac où il y
avoit plus de cinq cens pistoles, dit en
bégayant que ce n'étoit pas manque
d'argent qu'il le vouloit vendre : mais
qu'il n'avoir pas besoin de ce cheval,
& le joüeroit aussi volontiers qu'il le
vendroit.

Un de ceux qui avoient abordé ce
ce gros garçon & son jeune ami à la
promenade, fait venir des cartes, &
feignant de ne vouloir pas joüer si gros
jeu, lui propose de voir en cinq coups
de triomphe à qui payeroit l'écot ; il
l'accepte, & l'autre en ayant quatre
& beau jeu, dit qu'il a gagné, le paysan veut pârier vingt pistoles que non :
l'autre soûtient que si, & qu'il y mettra non-seulement vingt pistoles, mais
encore tout ce qui est dans son sac, s'il
est assez hardi. Le paysan demande
contre quoi, & où étoit leur argent. On

tourne si bien ce manége, que le gros garçon connoissant le coup assûré, va querir la somme qu'il falloit, & qu'il gardoit bien précieusement pour des occasions avantageuses ; mais au lieu de voir finir ce coup, comme il avoit esperé, & d'avoir une portion consi-derable de la défroque du paysan, celui-cy ayant fait une extravagance affectée, qui donna prétexte aux autres de se mettre en colere, ils tirerent leurs épées, & se planterent de maniere que le gros garçon ne pût raprocher ni de son argent, ni de celui contre lequel il etoit parié : il y employa ses efforts, jusqu'à ce qu'il vit un ruisseau de sang couler; il se desespere alors, dans l'ap-prehension de passer pour meurtrier, & qu'on ne luy fasse sonprocés, enten-dant qu'on vient aubruit, il songe à se sauver : ceux de sa compagniechargez de ses piecessortent avec lui, l'assûrant qu'il n'y a rien de perdu, & vont chercher azile en des endroits qu'il ne sçait point. Cependant ce paysan qui n'avoit versé de sang que d'un

boyau artificiel qu'il perça à propos,
& les trois autres qui sçavoient bien où
se retrouver , partagerent cinq cens
pistoles qu'ils volerent de forces Ainsi
le jeu tend des pieges bien étranges.
Il est bon d'être informé de tous ces
accidens, répond Belathis, s'ils étoient
divulguez , ils empêcheroient le naufrage de bien des gens qui font dans le
commerce & de beaucoup d'enfans de
famille qui s'embarquent dans le monde fans le connoître.

Tout en souffre , Messieurs , repliqua Dalibal , & je finis par une touche assez importante que reçût par le
jeu une des plus fameuses societez de
Parir il y a quelques années. C'étoit
la manufacture des points de France,
qui à mon avis a été la plus agreable
entreprise qu'on ait jamais faite pour
ceux qui la conduisoient : car outre les
grands biens qu'on y pouvoit acquerir , on y goûtoit d'excellens plaisirs :
imaginez-vous que cette societé étoit
composée , avec quelques gens un peu
âgez qui passoient pour prudes , de

jeunes hommes bienfaits & tres-
amoureux ; qu'ils avoient fous leur
difcipline un nombre infini de jeunes
filles, la plûpart demoifelles, & nour-
ries délicatement, non-feulement de
Paris, mais encore de toutes les Pro-
ces du Royaume, où le bien leur avoit
manqué: elles trouvoient leur fubfiftan-
ce par le travail qu'on leur donnoit de
cette Manufacture , qu'elles repor-
toient aux Societaires, quand ils les en
faifoient avertir; ils fe pouvoient ven-
ter d'être les maîtres de prefque toutes les beautez naiffantes , & de leur
faire obferver une retraite qui les ren-
doit impraticables à d'autres hommes.

Avec ce divertiffement, qui peut ê-
tre eftimé incomparable , ils avoient
celui de la grande chere ; ils inven-
toient des jeux nouveaux pour rafiner
fur les paffe-temps , & avoient enfin
fait de l'Hôtel de Beaufort dans la ruë
Quincampoix ou ils fe tenoient, le Palais des jeux de Bacchus & des A-
mours.

Tincourt , le plus habile homme

du monde en intrigue , envifage ce
lieu fortuné , pour en tirer quelques
avantages ; il y entre plufieurs fois fous
prétexte d'acheter des points : examine les arcs-boutans de cette agreable & opulente Manufacture : il jette
les yeux fur les Caiffiers & fur les Ma-
gaziniers , & prend langue autant qu'il
peut : il trouve les Caiffes à la direction de gens refervez fur l'interêt , à
qui le public prêtoit fon argent au denier vingt-deux , & qni le reprêtoient
à leur focieté au denier dix. Tincourt
vit bien qu'il n'étoit pas poffible de
leur couper la bourfe , ayant paffé tout
fon monde en revûë , il fe fixe fur
Blondou qui étoit chargé d'un des ma-
gazins. Tincourt trouve moyen de
s'intriguer avec lui , & d'entrer dans
fes plaifirs : il prend fon parti en toutes rencontres hors de l'Hôtel , où il
l'attire , le confeille au jeu , le retient ,
& le querelle même : mais d'amitié
dans les occafions où il femble trop
rifquer : cependant il l'engage à fa ruine par des voyes obliques. Blondou
G v

fut enfin si bien conduit, qu'il perdit
tout ce qu'il pouvoit joüer, sans en
prendre que la fortune à partie.

Pour n'avoir plus d'argent, il n'étoit
pas quitte des passions qui l'empor-
toient, il tourmente son esprit à force
d'y chercher des expediens, & Tincourt lui en fournit : il lui indique une
Dame de la ruë Ticquetonne , où
Blondou feignant avoir besoin de cent
pistoles pour une affaire de pieté, laisse pour mille écus de point , dont par
une autre addresse cette Dame sçavoit
bien se défaire. Sa dévotion apparente la rendit d'abord scrupuleuse , elle
fit quelques questions , quand on luy
aporta de nouveaux paquets : mais enfin on eut la charité de ne plus s'informer, parce que cela chagrinoit Blondou. qui toûjours exaucé, lorsqu'il a-
voit voiture, on lui donnoit de nouvel
argent , qui n'étoit neanmoins que le
premier qu'on lui avoit prêté , qu'il
reperdoit aussi-tôt sous la conduite de
Tincourt, & il recommença tant de
fois cette sorte d'emprunt que son

magazin en devint fort alteré.

Le temps approchoit que la Socie-té avoit coûtume de faire inventaire. Blondou commence à s'inquieter tout de bon, sçachant ce qui lui manquoit suivant les numeros dont il étoit char-gé ; il demande conseil à Tincour là dessus, qui lui donne celui dont il se servit.

Tincourt avoit loüé une maison sur le chemin de Charenton, où Blon-dou joüoit & se divertissoit. Lorsqu'il sortoit pour cette promenade , ou quelquefois même il passoit des nuits, & ses absences étoient remarquées. Laudenay , vieil interessé , Caissier general de cette Societé , & qui avoit insinué Blondou dans l'affaire , l'avoit toûjours conjuré de ne point joüer hors de l'Hôtel. Blondou qui n'avoit eu garde de dire la verité à Laudenay qui étoit en partie sa caution , lui fait une fausse confidence , ainsi que lui a-voit appris Tincourt.

Il lui dit que quand il avoit couché dehors , il alloit en diligence à

G vj

Chartres où il recherchoit une fille qui
avoit cinquante mille écus de bien :
mais qu'il n'avoit pas trouvé à propos
d'en parler, que ce mariage ne fût
presque aſſûré. Un ſi bon rencontre
eut de Laudenay l'approbation qu'il
méritoit ; il embraſſe Blondou , & le
charge de ne rien negliger.

Aprés cette declaration , Tincourt
& Blondou font un matin venir la
Dame de la ruë Ticquetonne équip-
pée en dévote, comme elle étoit ordinairement bien inſtruite de ce qu'elle
avoit à faire : elle paroiſſoit avoir été
belle & n'étoit pas encore deſagreable
quoique dans un habit tres-ſimple ;
il n'étoit que d'étamine noire dont les
manches couvroient juſqu'au poignet,
& le viſage dans une coëffe courte &
carrée, ſuivie d'un petit Ange de quatorze ans , qui n'avoit jamais paru à
la Manufacture , & auſſi modeſtement
vêtuë que la Dame,

Elle demande Monſieur Laude-
nay à la porte de ſon bureau : il l'en-
trevoit , & ſe montre à elle parmy

quelques gens qu'il regloit ; la Dame lui fait excuse de ce qu'elle prend mal son temps, & le supplie de luy marquer un quart d'heure de sa cômodité pour l'entretenir. Il veut tout quitter pour répondre à tant d'honnesteté, sçachant aussi combien il est dangereux de manquer de respect à une personne devote qui se mêle de quelque affaire du monde ; il se presse de dépêcher ce qui le retient, & entre le plûtôt qu'il peut en conversation avec la Dame qu'il avoit fait asseoir.

Cette Dame, aprés de nouveaux complimens, levant les yeux qu'elle avoit baissez, & serrant doucement le dessus de la main de Laudenay : La reputation où vous êtes, Monsieur, lui dit-elle, d'un parfaitement honnête homme, me fait passer par dessus des scrupules que j'aurois pû raisonnablement avoir, je m'adresse à vous-même pour m'informer d'une chose où sans doute vous prendrez part : mais aprés avoir bien consideré ce que l'on dit de vous, j'ai jugé que je devois plus en attendre de juſtice & de verité, que de qui que ce ſoit. A ce debut ſoûtenu d'un air que toutes les vertus modeſtes ne pouvoient plus embellir, & du viſage angelique de la jeune aſſiſtante que le vieil Caiſſier avoit enviſagée avec inclination. Laudenay proteſte qu'elle peut faire un fond aſſûré ſur ce qu'il lui dira, & qu'il n'y a conſideration au monde qui le puiſſe faire manquer de répondre à la confiance qu'elle avoit en lui.

Il s'agit, Monſieur, reprit-elle, d'une niéce qui m'eſt fort chere; elle aura cinquante mille écus du plus beau bien du pays Chartrain où elle eſt. Monſieur Blondou la recherche en mariage: mais avant de l'engager, nous avons trouvé à propos de ſçavoir par la bouche d'une perſonne de probité qui le connoiſſe entierement, ſi ſa conduite & ſes affaires ſont bien reglées: car pour ſa perſonne, on en eſt fort content

Laudenay qui étoit caution de Blondou n'heſita pas d'en dire mille

biens : il voyoit que l'établissement
dont il étoit parlé, l'assûroit beaucoup davantage lui-même : il fit connoître à la Dame par cinq ou six com-
paraisons qui lui étoient familieres, &
dont il se servoit ordinairement pour
appuyer ce qu'il vouloit faire réussir,
que sa niéce devoit remercier la provi-
dence de lui avoir gardé Monsieur
Blondou ; c'est leheros de la Societé la
plus considerable de France, disoit-il
en tournant les yeux, & radoucissant
sa bouche, comme ont coûtume de
faire certains matois qui attrapent par
leurs mines tous les avantages de la
vie civile;c'est un homme dont la fortune ira loin, & il est pour avoir un jour la
direction generaledu Commerce: mais
cette belle fille qui est avec vous, est-
elle aussi votre parente ; non, Monsieur, répondit la Dame : c'est une or-
pheline que j'éleve par chariré. Nous
aviserons à ce qu'on en pourra faire,
quand il vous plaira, répondit Laudenay.

Enfin, aprés une conversation de

trois quarts d'heures, pleine de l'ad-
dreſſe de Laudenay qui diſoit merveil-
le en faveur de Blondou, parce qu'il
cherchoit à ſe décharger de ſon cau-
tionnement, & de la délicateſſe de la
Dame qui lui perſuadoit que le party
étoit aſſûré, puiſqu'il conſeilloit de
conclure. Ils ſe quitterent, & ne furent pas plûtôt ſeparez que Laudenay
appelle Blondou : il fait la ſourde oreille, de ſorte que Laudenay fut obligé
de l'aller trouver.

Devineriez - vous bien, luy dit - il,
d'auſſi loin qu'il le vit, de quoi il s'a-
git preſentement : il n'eut garde, quoiqu'il le ſçût auſſi bien que lui ; & enfin
Laudenay comme ravi déclare à Blondou qu'il eſt preſque marié, & qu'il
vient de faire des miracles en ſa faveur;
il lui raconte l'entretien qu'il a eu avec
la Dame, aprés quoi il le baiſe au
front, & lui recommande de ne pas
perdre un moment pour faire réuſſir
ce mariage. Blondou le proteſte fortement, & le temps venu qu'il doit aller
à Chartres, ou plûtôt diſparoître, afin

de ne point être à l'inventaire de ſes
points qu'on doit differer juſqu'à ſon
retour ; il met la botte à la jambe , &
va prendre congé de Laudenay ; il luy
offrit tout ce qui étoit en ſon pouvoir;
& enfin il en fut quitte pour quatre
cens loüis que Blondou le pria de luy
donner en eſpeces, pour feire le preſent
à ſon accordée , & deux mille francs
pour faire les frais de ſa nôce.

Blondou monté à l'avantage , &
chargé de cette ſomme , enfile la
route de Lyon , & de-là paſſe à Tu-
rin ; il n'y eſt pas long-temps ſans apprendre les inquietudes où ſon abſen-
ce avoit mis Laudenay qui ſe deſeſpe-
re de ce qu'on lui demande pour prés
de cent mille francs qui manquent
dans le magazin dont il étoit caution.
Je vous ay fait ce recit , continua Dalibal , un peu plus particulariſé que les
autres , parce que le ſouvenir m'en divertit encore. Le jeu , Meſſieurs, fait
toutes ces comédies , & il n'eſt rien
d'aſſûré entre les mains d'un Joueur.
Combien de jeunes hommes ſans ex-

perience & de femmes trop faciles qui aiment le jeu & le recherchent, se rui-nent & détruisent leur famille pour n'être pas averties des mauvais tours qui s'y peuvent faire.

La fortune, dit Blathis, s'est un peu divertie aux dépens de votre char-ge, de votre équipage & de votre mariage : mais sçachant ce que vous sçavez, dont je croi que vous ne nous avez dit qu'une partie, elle sera intraitable, si vous ne la faites venir au point que vous lui avez demandé.

Je ne joüerai plus, reprit Dalibal ; je me passerai de l'éclat plûtôt que de m'exposer à perdre le necessaire. Le jeu, quand il luy plaît a des ressorts pour pousser à bout toute la précau-tion des hommes. Comme Paris est l'Arsenal de ce qu'il y a de plus subtil pour ces fortes d'iinventions, & que c'est de là que partent tant de docteurs qui vont desoler des Provinces & des Cours étrangeres. Je m'y étois retran-ché au Lansquenet, qui de la maniere dont on le joüe aujourd'huy semble de tous les jeux celuy où l'on peut le moins tromper.

En effet, dit Belathis, à chaque coup on choisit un jeu d'entre vingt qui n'ont point servis, on le mêle à la ronde, & on ne le perd point de vûë: ainsi ce jeu ne paroît dangereux que par le trop de confiance qu'on y peut avoir, parce qu'il pousse à risquer des sommes immenses.

J'y renonce comme aux autres, reprit Dalibal, jamais Lansquenet, Bassette, ni Breloque, qui est une maniere de Hoca, ne me feront rien, non plus que le Brelan, la Chanse, Quinquenove, la Triomphe, ou les Jeux de nouvelle invention ; il n'y en a pas un qui n'ait ses filoux dévoüez ; ils commentent sur les vieux tours, & en inventent de nouveaux : & le coup de machine & les faux dez trouvent place à tous les jeux de cartes & de dez.

A propos du Hoca, dit Belathis, en quoy consistoit l'injustice de ce jeu qu'on a défendu tant de fois. Dans l'intelligence du Banquier, répondit

Dalibal, avec quelques Joüeurs qui ne tiroient de boulles que celles qui leur étoient avantageuſes : ils les connoiſ-ſent par la peſanteur, par la maniere dont elles étoient percées, & par des poils de ſanglier qui les traverſoient de certain ſens ; ils ruinoient les au-tres Joüeurs, ou ceux qui ſe met-toient de part à la banque. Il y a auſſi en joüant naturellement trop d'avan-tage pour le Banquier : de trente points ſur leſquels on couche, il ne paye que vingt ſept pour un plain, qui pour ren-dre le ſort égale devroit être de trente-un : mais, Meſſieurs, repoſons-nous ; je vous ay fait perdre bien du tems à vous raconter des bagatelles.

Rien n'eſt moins bagatelle, reprit Mirabel, ni plus neceſſaire au public, que d'être averti des manieres dont on peut être trompé au jeu. Joignons nous pour enfaire un traité, il pourroit bien nous ouvrir la porte de l'Académie Oüy, repliqua Dalibal, de l'Académie des Jeux étant en bon François, pour-quoi n'ouviroit-elle pas celle de l'Aca-

démie de ceux qui en reglent la langue,
dit Mirabel, auffi-bien que celle de l'A-
cadémie des Sciénces, puifqu'il eft aifé de connoître aprés ce que vous avez
dit, & les experiences que plufieurs
perfonnes en ont faites, qu'il n'y en a
point de plus certaine & de plus utile
que celle du jeu ; il me paroît à pre-
fent une Aftronomie terreftre dont les
influences dirigent le bien de beaucoup
de gens, & j'eftime qu'il vaut mieux
apprendre à bien joüer & à fe défendre des pieges que l'on tend au jeu, que
de chicaner fur les atomes & fur le
vuide, fur les opinions de Prolomée &
de Kopernic, fur celle de Defcartes &
d'Ariftote, dont il n'y a rien de certain, ni unanimement défini, ni de dé-
finiffable. Travaillons, Monfieur, ce
fujet eft d'importance. Je feray ce qu'il
vous plaira, répondit Dalibal, pourvû
que le traité ne coure point fous mon
nom : il faut tant d'affaifonnement
dans des écrits pour plaire & pour
mériter des approbations. Les plus
recüeillis y font fort empêchez, & fi

ceux mêmes qui font établis Juges
des ouvrages des autres, en font si peu
que l'on eftime bons, qu'un Cavalier
diffipé comme je le fuis, & qui n'eft
ni Rhétoricien ni Purifte, doit bien
prendregarde de s'émanciper d'écrire.
De plus, n'auroit-on pas lieu de foup-
çonner célui qui paroîtroit fçavoir les
rufes du jeu, de n'avoir pas joué franchement. Bon, repliqua Mirabel, un
homme du monde ne doit-il pas s'informer de tout ce qui s'y paffe ; j'ai
auffi plus de fatisfaction, continua-t-
il, & bien d'autres gens font de mon
goût. de trois pages de lecture d'un
ftyle fincere & naturel, que de volu-
mes entiers remplis d'idées creufes &
de periodes fophiftiquées ; il s'en voit
tant aujourd'hui qu'on ne fçait prefque plus où en prendre d'autres. Un
tour franc & une explication fans embarras me plaifent infiniment. Moins
il y a d'artifice & d'obfcurité dans un
ouvrage, & plus j'en fais d'état. Quel
défordre que les écrivains les plus éloignez de la raifon foient les plus approu-

vez, & que presque tous les hommes donnent dans des chiméres & dans des visions soûtenuës de mots guindez qui fatiguent l'esprit. Mettons, Monsieur, poursuivit Mirabel, ce petit traité augmenté de ce que vous sçavez, & que vous n'avez pas encore eu le temps de de nous dire, en état d'être entendu de tous ceux qui le liront, & laissons à d'autres le soin de faire des perspectives de leurs paroles.

Ils se furent coucher sans prendre de résolution positive, parce que Dalibal répugnoit toûjours à se faire imprimer, & encore plus à augmenter ce qu'il avoit dit des addresses du jeu, ainsi que le paroissoit desirer Mirabel.

FIN.

d'imprimer, ou faire imprimer ledît Livre, &
d'y en faire venir, vendre, & debiter d'autre Impreſſion que de celle qui aura été faite pour ladite Expoſante, ſous peine de con-
fiſcation des Exemplaires contrefaits, de
mille livres d'amende contre chacun des
Contrevenans, dont un tiers à Nous, un
tiers à l'Hôtel-Dieu de Paris, l'autre tiers
à ladite Expoſante, & de tous dépens, dom-
mages & interêts ; à la charge que ces Preſentes ſeront enregiſtrées tout au long ſur le
Regiſtre de la Communauté des Imprimeurs & Libraires de Paris, & ce dans trois
mois de la datte d'icelles. Que l'Impreſſion
dudit Livre ſera faite dans nôtre Royaume,
& non ailleurs, & ce en bon papier & en
beaux caracteres, conformement aux Reglemens de la Librairie ; & qu'avant que
de les expoſer en vente, il en ſera mis deux
Exemplaires dans nôtre Bibliotheque pu-
blique, un dans celle de nôtre Château du
Louvre, & un dans celle de nôtre tres-
cher & feal Chevalier, Chancelier de France, le Sieur Phelypeaux, Comte de Pont-
chartrain, Commandeur de nos Ordres,
le tout à peine de nullité des Preſentes. Du
contenu deſquelles, vous mandons &
enjoignons de faire joüir ladite Expoſante,
ou ſes ayans-cauſe pleinement & paiſible-
ment, ſans ſouffrir qu'il leur ſoit fait aucun
trouble ou empêchement. Voulons que la

H

copie desdites presentes qui sera imprimée au commencement ou à la fin dudit Livre soit tenuë pour dûëment signifiée, & qu'aux copies collationnées par l'un de nos amez & feaux Conseillers & Secretaires, foi soit ajoûtée comme à l'Original ; Commandons au premier nôtre Huissier ou Sergent de faire pour l'execution d'icelles tous actes requis & necessaires sans demander autre permission, & nonobstant Clameur de Haro, Charte Normande, & Lettres à ce contraires ; Car tel est nôtre plaisir. Donné à Versailles le vingt-septiéme jour de Janvier l'an de grace mil sept cens neuf, & de nôtre Regne le soixante sixiéme. *Signé*, Par le Roy en son Conseil, LE COMTE, & scellé du grand Sceau de cire jaune.

Regiſtré ſur le Regiſtre N. 2. de la Communauté des Libraires & Imprimeurs de Paris, page 403. N. 770. conformément aux Reglemens, & notamment à l'Arreſt du Conſeil du 13. Aouſt 1703. A Paris ce 29. Janvier 1709.

Signé, L. SEVESTRE, *Syndic.*

ERRATA.

Pages.	Lignes.	Fautes.	Corrections.
1	1	Belalhis	Belathis.
3	11	étes arrivé,	êtes party
6	14	diront	déroute
	15	un exterieur	à l'exterieur
10	15	derafler	terrasser
	21	sciemment	finement
11	21	j'étallai	je taille
	22	par terre	pontent
13	12	tanter	tâter
16	26	Dautal	Dautel
21	6	eut	ont
25	10	esprit fort	esprits forts
37	12	tric	try
38	2	monde	amas
	15	l'adresse	tendresse
40	10	révez	achevé
43	19	Vilanor	Vilenor
51	17	des lignes	de ces tiges
53	2	ne sont	ne te sont
55	2	en coute	en route
	23	acquits	acquis
56	4	tirons au sort	ferons en sorte
57	11	la plus	la plus riche
63	9	demesurée	dénaturée
64	3	miftere	métier
	4	dans un billet	dans mes billets
65	7	fuyez	faites
72	17	Sa Majesté	la majesté
76	3	d'en	d'y
	13	long temps	l'on peut
84	22	des	de
94	3	Maville	Manille
	2	du Roy	de celle du Roy